TOM GRIMM

DIE BUCKET LIST FÜR TOLKIEN FANS

250 DINGE,
DIE MAN ALS FAN VON ZAUBERERN, ZWERGEN & CO. ERLEBT HABEN MUSS

Impressum

HEEL Verlag GmbH
Gut Pottscheidt
53639 Königswinter
Tel.: 02223 9230-0
Fax: 02223 9230-13
E-Mail: info@heel-verlag.de
Internet: www.heel-verlag.de

Autor: Tom Grimm
Projektleitung: Hannah Kwella
Satz und Gestaltung: Ralph Handmann

Bildmaterial: © Adobe Stock: ~Bitter~, aksol, alejomiranda, AlexanderPokusay, alexrockheart, amorroz, Andrii_Oliinyk, anna_leni, antikwar, arkadiwna, artefacti, asmakar, AugusteLange, bioraven, bokasana, cgterminal, Danussa, Diana, diedel, DiViArts, DoubleM, Ekaterina, EkaterinaSheshina, ElenaPimukova, elinacious, endstern, EricaGuilane-Nachez, GoodStudio, istry, Ivan, janstopka, jenesesimre, kamenuka, KateMacate, Kreatiw, KseniaKrop, kuco, lisnycija, Lunstream, Magdalena, makar, Marina, matiasdelcarmine, MichaelHinkle, MicroOne, Morphart, nadjagellermann, ngupakarti, Olli, olllikeballoon, PikePicture, pingebat, PLAZA_c.eps, pylypchuk, rraya, sabdesign, Shorena Tedliashvili, Tartila, val_iva, vectorgirl, VectorTradition, veekicl, Viktoriia, warmtail, yuromanovich, ZdenekSasek, ИринаКолесниченко, Людмила Троценко, ПолинаТомтосова

Printed in Czech Republic

ISBN: 978-3-96664-509-6

TOM GRIMM

DIE BUCKET LIST FÜR TOLKIEN FANS

250 DINGE, DIE MAN ALS FAN VON ZAUBERERN, ZWERGEN & CO. ERLEBT HABEN MUSS

PLAZA

Willkommen in Mittelerde!

Stephen King, einer der erfolgreichsten Autoren aller Zeiten, sagte einmal, man wird zum Schriftsteller geboren. Man könne das Handwerk des Autors zwar bis zu einem gewissen Grad erlernen, aber nur »geborene« Schriftsteller säßen selbst dann an ihrer Schreibmaschine, wenn das Schreiben bei Todesstrafe verboten wäre, einfach, weil sie den unbändigen Drang, ja, sogar Zwang verspüren, die Geschichten, die ihnen im Kopf herumschwirren, zu Papier zu bringen.

In diesem Sinne war J. R. R. Tolkien kein »echter« Schriftsteller, denn selbst auf der Höhe seines literarischen Erfolges betrachtete er das Schreiben stets als Plackerei und betrieb es eher als eine Art Hobby neben seiner Universitätsarbeit. Nicht grundlos zog sich das Verfassen seines Magnum Opus, des Herrn der Ringe, geschlagene fünfzehn Jahre hin.

Tolkiens Leben war seit jeher geprägt von seiner Leidenschaft für Sprachen, nicht bloß, was seine Karriere als Professor für Angelsächsisch anging, sondern auch im Hinblick auf sein kreatives Wirken. Schon in seiner frühen Jugend begann er, zusammen mit seinem Bruder Hilary, eigene Sprachen zu entwickeln, die später zur Grundlage seines ganzen künstlerischen Schaffens werden sollten. Tatsächlich entstand Tolkiens gesamte Mythologie letztlich allein aus seinem Bestreben heraus, für seine fiktiven Sprachen einen »realen« Hintergrund zu ersinnen.

Erstmals konkrete Gestalt nahm diese Mythologie Anfang 1917 an, als Tolkien als Soldat während des 1. Weltkriegs an »Grabenfieber« erkrankte und von der Front in Frankreich in seine englische Heimat zurückkehrte. Damals begann er mit der Arbeit am Buch der verschollenen Geschichten, einer Sammlung von Erzählungen, aus denen viele Jahre später das nie wirklich vollendete Silmarillion werden sollte. Hier legte Tolkien den Grundstein für eine neue, einzigartige Welt, die er in Anlehnung an das nordische Midgard »Middle-earth« nannte: Mittelerde.

Dem Publikum präsentierte Tolkien Mittelerde zum ersten Mal 1937 in Der Hobbit, einem Buch, das er ursprünglich als Gute-Nacht-Geschichte für seine Kinder schrieb. Obschon in einer Erstauflage von gerade mal 1.500 Exemplaren gedruckt, erwies sich Der Hobbit in den nächsten paar Jahren zusehends als ansehnlicher kommerzieller Erfolg, weshalb sein Verleger,

Stanley Unwin, Tolkien bat, eine Fortsetzung zu verfassen. Doch obwohl Tolkien einwilligte, schwebte ihm von Anfang an ein deutlich ausgereifteres, düstereres Werk vor, mit dem er auch erwachsene Leser ansprechen wollte. Der Titel dieses »neuen Hobbits«: Der Herr der Ringe.

Der Rest ist, wie man so schön sagt, Geschichte.

Doch warum fasziniert Tolkiens Werk uns auch heute, über 70 Jahre später, immer noch? Zum einen zweifellos, weil darin – ganz klassisch – der ewige Konflikt zwischen Gut und Böse im Mittelpunkt steht. Zum anderen ist Tolkiens Welt voller einprägsamer Figuren, fesselnder Archetypen, spektakulärer Orte und überraschender Wendungen. Doch den wohl größten Reiz seiner Geschichten macht vermutlich aus, dass sie dem Leser trotz aller Düsternis universale, positive Werte wie Liebe, Hoffnung, Heimat, Loyalität und, vor allem, Freundschaft vermitteln. Ohne die engen Bande zwischen den Ring-Gefährten beispielsweise (und hier insbesondere zwischen Frodo und Sam), wäre Mittelerde für alle Zeiten in Finsternis versunken.

Und noch etwas führt Tolkien uns vor Augen: Dass man das Beste aus seinem Leben machen sollte, egal, wie düster und trostlos die Dinge auch scheinen mögen. Denn im Gegensatz zu den Elben, die zwar nicht per se unsterblich sind, aber immerhin so alt werden, dass es einem so vorkommt, sind unsere Tage in diesen Gefilden bedauerlicherweise begrenzt. Allerdings ist das kein Grund zu verzagen und aus freien Stücken eine Schlammpackung in den Sümpfen des Elends zu nehmen, denn das Gute ist: »Wir können selbst entscheiden, was wir mit der Zeit anfangen, die uns gegeben ist«, wie Gandalf dem besorgten Pippin vor der alles entscheidenden Schlacht um Minas Tirith erklärt.

Carpe diem.

Nutze den Tag.

Eigentlich eine Selbstverständlichkeit. Doch bedauerlicherweise kommen uns dabei allzu oft zwei Widersacher in die Quere, gegen die selbst der Dunkle Herrscher Sauron wie ein Waisenknabe wirkt.

Einer davon ist der Alltag, ein wahrhaft unerbittlicher Gegner, schlimmer als ein Dutzend Uruk-hai. Denn so wundervoll all die Dinge auch sein mögen, die wir abseits von Schule/Arbeit/Familie/sonstigen Verpflichtungen gern täten, meist kostet es Zeit, um unsere kleinen und großen Träume wahr werden zu lassen – und häufig auch das nötige »Kleingeld«. Wenn plötzlich der Geschirrspüler den Geist aufgibt oder das Auto dringend neue Winterreifen braucht, ist der Trip nach Neuseeland zu den Originaldrehorten von Peter Jacksons grandiosen Tolkien-Verfilmungen mit einem Mal genauso »aufgeschoben« wie der lang gehegte Wunsch, sich einen der wundervollen Drucke des legendären Tolkien-Künstlers Alan Lee zuzulegen oder Tolkiens Heimatstadt Oxford einen Besuch abzustatten. Weil andere Dinge im Moment einfach »wichtiger« sind.

Und das ist auch vollkommen in Ordnung. Manchmal kommt man eben nicht umhin, Prioritäten zu setzen. Doch über all den Notwendigkeiten des alltäglichen Lebens sollte man niemals vergessen, dass selbst die schönsten Träume, die zu lange unerfüllt bleiben, eines Tages schal werden, bis irgendwann der Moment kommt, in dem man sie mit einem Seufzen in die imaginäre Tonne aufgegebener Wünsche stopft, weil daraus »ja eh nichts wird«. Weil einem die Zeit fehlt … oder das Geld … oder es draußen gerade regnet …

Doch mit jedem verlorenen Traum verlieren wir auch ein Stück Hoffnung, ein Stück Lebensqualität – ein Stück von uns selbst. Und nichts ist schlimmer, als keine Träume mehr zu haben. Seht euch Denethor an, den Truchsess von Gondor, dann wisst ihr, wie man wird, wenn man an nichts mehr Freude hat. Und das will nun wirklich keiner!

Glücklicherweise hat jeder von uns sein Schicksal selbst in der Hand, zumindest bis zu einem gewissen Grad. Letztlich sind die meisten Gründe dafür, etwas nicht zu tun, nichts weiter als das, was diesem rückgratlosen Lurch Gríma Schlangenzunge in einem fort über die Lippen kommt – bloß Ausflüchte und faule Ausreden. Machen wir uns nichts vor: Die größte Hürde beim Verwirklichen unserer Träume sind weder Zeit noch Geld, sondern unsere eigene Bequemlichkeit!

Viele der Dinge, die ein wahrer Tolkien-Fans einmal im Leben getan haben sollte, kosten dich rein gar nichts – außer, deinen »inneren Schweinehund« zu überwinden, über deinen Schatten zu springen und endlich zu tun, was du dir schon so lange vorgenommen hat!

Aber wie heißt es noch gleich? »Auch die längste Reise beginnt mit einem ersten Schritt!« Und diesen ersten Schritt hast du getan, indem du dir dieses Buch angeschafft hast. Alles weitere liegt nun bei dir! Diese Bucket List soll dir als Inspiration – und auch ein bisschen als Motivation – dienen, um auf den Spuren von Frodo, Sam, Aragorn, Legolas, Gimli, Gandalf & Co. großartige Erfahrungen zu machen, die du nie wieder vergisst.

Also warte nicht länger! Hol deinen Reisebeutel aus dem Schrank, pack ein bisschen Lembas als Proviant ein, schnapp dir deinen Wanderstock und los geht´s! Und vergiss nicht, uns alle an den großartigen Dingen teilhaben zu lassen, die du unternimmst! Vielleicht postest du sie ja sogar mit dem Hashtag #hdrbucketlist bei Instagram, Facebook oder Twitter, um andere dazu zu ermutigen, dir nachzueifern? Denn manchmal ist alles, was wir brauchen, um endlich all das zu tun, das wir schon immer tun wollten, ein kleiner Schubs über die Türschwelle, in die große, weite, wundervolle Welt hinaus.

Hier ist deiner: **Schubs!**

Mach was draus!

Tom Grimm

Sprich
Freund
und tritt ein!

LIES ALLE BÜCHER VON TOLKIEN, DIE IN MITTELERDE ANGESIEDELT SIND!

Falls du das bereits getan hast,
lies sie *nochmal!*

- [ ] *Der Hobbit*
- [ ] *Der Herr der Ringe*
- [ ] *Die Abenteuer des Tom Bombadil*
- [ ] *Das Silmarillion*
- [ ] *Nachrichten aus Mittelerde*
- [ ] *Das Buch der verschollenen Geschichten, 1. Teil*
- [ ] *Das Buch der verschollenen Geschichten, 2. Teil*
- [ ] *Bilbos Abschiedslied*
- [ ] *Die Kinder Hurins*
- [ ] *Beren und Lúthien*
- [ ] *Der Fall von Gondolin*

BESORG DIR EINE AUSGABE VOM *HERRN DER RINGE* IN EINER BELIEBIGEN ANDEREN SPRACHE ...

... UND LIES SIE –

ODER VERSUCH´S ZUMINDEST!

Zum Glück gibt´s dict.cc!

BESORG DIR EINE ERSTAUSGABE
EINES TOLKIEN-BUCHS,
EGAL IN WELCHER SPRACHE!

MACH´S WIE DIE HOBBITS

UND VERZICHTE EINEN TAG LANG AUF SCHUHE! ☐

VERSUCHE, EINE GESCHLOSSENE TÜR ZU ÖFFNEN, INDEM DU WEITHIN HÖRBAR DAS ELBISCHEWORT FÜR »**FREUND**« INTONIERST, DAS DIE TORE VON MORIA ÖFFNET: **MELLON!** ☐

Bei Gandalf hat´s ja auch geklappt.

LERN ELBISCH!

Da Tolkien passionierter Sprachwissenschaftler war, verwundert es nicht, dass sämtliche Zungenschläge, die in Mittelerde gesprochen werden, bis ins Detail ausgearbeitet sind. Zwar kann man bislang (noch) keinen Volkshochschulkurs in Sindarin oder Quenya belegen, aber Wörter- und Lernbücher für Elbisch gibt´s hierzulande gleich mehrere. ☐

SIEH DIR PETER JACKSONS GENIALE *HERR DER RINGE*-VERFILMUNG AN!

- ☐ Die Gefährten
- ☐ Die zwei Türme
- ☐ Die Rückkehr des Königs

SIEH DIR ALLE DREI HDR-FILME DIREKT HINTEREINANDER AN!

Die Gesamtlaufzeit der Filme beträgt (inkl. Abspann) 557 Minuten oder knapp 9 ½ Stunden, also stell unbedingt genügend Knabberzeug bereit!

SIEH DIR DIE EXTENDED EDITIONS DER HDR-FILME AN,

die zahlreiche Szenen enthalten, die in den Kinofassungen der Schere zum Opfer fielen, da der Vertrieb Warner Bros. fand, drei Stunden pro Film wären genug. Von wegen! Man kann niemals genug Herr der Ringe haben!

- Die Gefährten (ca. 30 Minuten länger)
- Die zwei Türme (ca. 56 Minuten länger)
- Die Rückkehr des Königs (ca. 63 Minuten länger)

UND DIE STEIGERUNG:

SIEH DIR DIE EXTENDED VERSIONS DER HDR-FILME (MIT EINER GESAMTLAUFZEIT VON 706 MINUTEN ODER KNAPP 12 STUNDEN) DIREKT HINTEREINANDER AN! ☐

SETZ DICH IN DEN SCHATTEN EINES BAUMES,

LEHN DICH AN DEN STAMM UND LIES IN ALLER RUHE EIN GUTES BUCH

(vorzugsweise eins von Tolkien), so, wie Frodo am Anfang von Die Gefährten. ☐

VERANSTALTE MIT DEINEN FREUNDEN EIN WETTTRINKEN,

so wie Gimli und Legolas nach der siegreichen Schlacht um Helms Klamm. Es muss ja nicht unbedingt Met sein. Heiße Schokolade tut´s genauso! ☐

Mach´s wie Frodo:

UNTERNIMM EINE REISE INS UNGEWISSE!

Du könntest beispielsweise bei der Auswahl deines nächsten Urlaubsziels einfach blindlings mit dem Finger auf die Landkarte tippen oder mit gepacktem Koffer zum Flughafen fahren, um an irgendein Ziel zu verreisen, das Last Minute verfügbar ist. ☐

Gib zusammen mit deinen Freunden das »**Lied der Zwerge**« zum Besten, das Thorin Eichenschild und seine Gefährten im Film Der Hobbit: Eine unerwartete Reise anstimmen!

Alternativ kannst du diese melancholische Weise
auch allein im stillen Kämmerlein singen, unter der Dusche,
auf dem Wochenmarkt oder wo immer dir sonst danach ist.
Hier der – gekürzte – Text der deutschen Version:

☐

Über die Nebelberge weit
zu Höhlen tief, aus alter Zeit.
Da ziehen wir hin, da lockt Gewinn,
durch Wind und Wetter, Not und Leid.

Und dort, wo knisternd im Gehölz erwacht,
ein Brand, von Winden angefacht.
Zum Himmel rot, die Flamme loht.
Bergwald befackelt hell die Nacht.

LEG DIR ARAGORNS SCHWERT ANDURIL, DIE FLAMME DES WESTENS, ZU ...

... UND LERNE, DAMIT UMZUGEHEN!

Oder schwing das Schwert zumindest ein paarmal heldenhaft auf dem Hinterhof, wenn möglich, ohne jemanden zu verletzen (auch nicht dich selbst), bevor dieses Prachtstück einen Ehrenplatz an der Wand deiner Hobbithöhle findet.

☐

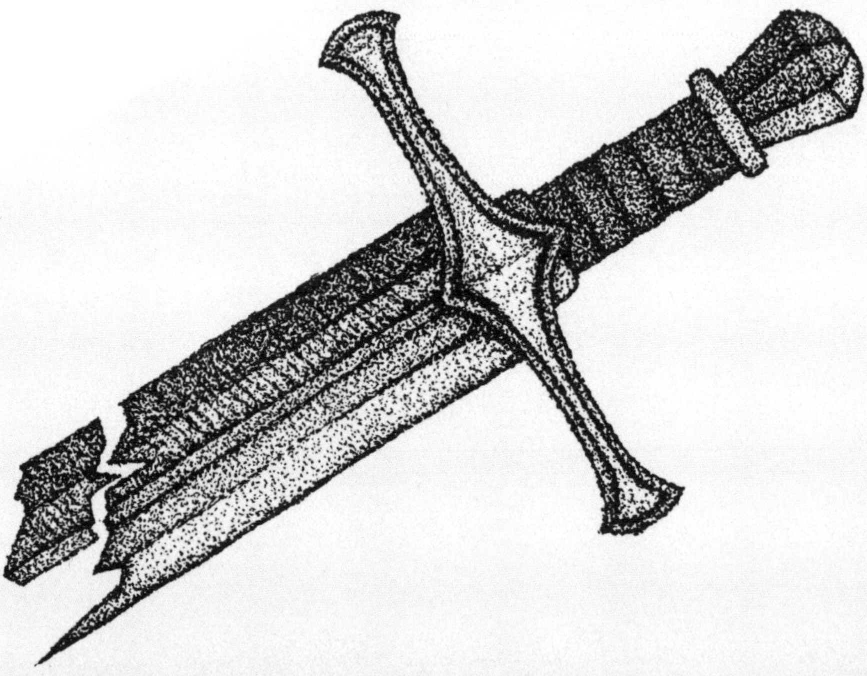

SIEH DIR DIE *HOBBIT*-VERFILMUNGEN VON PETER JACKSON AN!

- [ ] Eine unerwartete Reise
- [ ] Smaugs Einöde
- [ ] Die Schlacht der fünf Heere

SIEH DIR ALLE DREI *HOBBIT*-FILME DIREKT HINTEREINANDER AN!

Dieser Filmmarathon dauert (inkl. Abspann) 467 Minuten oder ca. 8 Stunden. Verglichen mit den schlappen 12 Stunden der HDR-Langfassungen also eigentlich kaum der Rede wert …

- [ ]

LERNE, DEINEN NAMEN IN ELBISCHEN BUCHSTABEN ZU SCHREIBEN!

Das hierfür nötige Tengwar-Alphabet findest du im Internet.

☐

Lass einen Stein in einen tiefen Brunnen fallen –

und hoffe, dass du
mehr Glück hast
als die Gefährten
in Moria …

☐

SIEH DIR DIE EXTENDED VERSIONS VON PETER JACKSONS *HOBBIT*-VERFILMUNGEN AN!

Zusammengenommen bringen es die Szenen, um die die drei Filme ergänzt wurden, zwar »nur« auf ca. 55 Minuten, was verglichen mit den 2 ½ Stunden der »Langfassungen« vom *Herrn der Ringe* nicht ganz so üppig erscheint. Doch das neue Material, das in den Kinofassungen auf dem Boden des Schneideraums landeten, verleiht der Geschichte und den Charakteren deutlich mehr Herz und Tiefe.

- ☐ EINE UNERWARTETE REISE (CA. 20 MINUTEN LÄNGER)
- ☐ SMAUGS EINÖDE (CA. 25 MINUTEN LÄNGER)
- ☐ DIE SCHLACHT DER FÜNF HEERE (CA. 20 MINUTEN LÄNGER)

Du weißt, was jetzt kommt:

SIEH DIR ALLE HOBBIT-FILME IN DER EXTENDED VERSION DIREKT HINTEREINANDER AN!

Dauert zwar nur eine knappe Stunde länger als die Kinofassungen, aber was sein muss, muss sein! ☐

BEREITE EINEN KÖSTLICHEN TOPF TÖFTENSUPPE ZU,

wie frisch aus dem *Tänzelnden Pony*! ☐

TÖFTENSUPPE

3–4 PORTIONEN

1 EL Schmalz

2 Schalotten, fein gehackt

3 Knoblauchzehen, fein gehackt

500 g frische Pilze, grob geschnitten

4–5 große Kartoffeln, geschält und grob gewürfelt

1 Bund Frühlingszwiebeln (nur das Weiße), fein geschnitten

2 Lorbeerblätter

5 Pimentkörner

500 ml Gemüsefond

500 ml Wasser

2 EL Butter

2 EL Mehl

1 EL getrockneter Majoran

1 EL gekörnte Brühe

Salz und Pfeffer, nach Belieben

Etwas frische Petersilie, fein gehackt

In einem großen Topf bei mittlerer Hitze das Schmalz schmelzen. Die Schalotten und den Knoblauch hineingeben und glasig dünsten. Die Pilze hinzufügen und fünf Minuten anschwitzen. Die Kartoffeln, die Frühlingszwiebeln, die Lorbeerblätter und die Pimentkörner mit in den Topf geben und alles gut vermischen. Mit dem Gemüsefond und dem Wasser aufgießen und unter gelegentlichem Rühren 20–25 Minuten köcheln lassen bzw. so lange, bis die Kartoffeln gar sind.

In der Zwischenzeit bei niedriger Hitze in einem separaten Topf die Butter zerlassen. Die geschmolzene Butter mit dem Mehl bestäuben und unter ständigem Rühren 2–3 Minuten anschwitzen, bis eine cremige, glatte Masse entsteht. Sollte das Ganze zu trocken werden, schlückchenweise etwas von dem Suppenfond aus dem anderen Topf einarbeiten.

Die Mehlschwitze in die Suppe einrühren. Mit dem Majoran, der gekörnten Brühe sowie nach Belieben mit Salz und Pfeffer würzen. Weitere 10 Minuten sanft köcheln lassen. Die Lorbeerblätter und die Pimentkörner herausnehmen und entsorgen. Zum Servieren mit etwas frisch gehackter Petersilie bestreuen.

TEILE DIE SELBSTGEKOCHTE TÖFTENSUPPE MIT DEINEN GEFÄHRTEN! ☐

BESORG DIR EIN AUTOGRAMM DEINES LIEBLINGSSCHAUSPIELERS/ DEINER LIEBLINGSSCHAUSPIELERIN AUS DEM *HERRN DER RINGE* ODER DEM *HOBBIT*!

Am besten natürlich mit persönlicher Widmung. Eine gute Gelegenheit hierfür sind entsprechende Conventions, die regelmäßig in aller Welt stattfinden. Hier geben die Stargäste – meist gegen ein gewisses Honorar – Autogramme und machen Selfies. Eine weitere Quelle für Autogramme sind Online-Auktionshäuser wie z. B. Ebay. Zudem werden viele Akteure von einer speziellen PR-Agentur vertreten, an die man sich mit solchen Anfragen wenden kann. In vielen Fällen genügt es, dort freundlich hinzuschreiben und einen ausreichend frankierten, an dich selbst adressierten Rückumschlag beizulegen, und ein paar Wochen später bringt dir der Postbote deinen *Schaaaatzzz* …

BESITZE EINE SAMMELFIGUR VON WETA SIDESHOW!

Diese extrem detaillierten, handbemalten Polystone-Skulpturen wurden von den Künstlern der Spezialeffektschmiede WETA, die auch die Effekte für Peter Jacksons Tolkien-Filme produziert hat, eigens hierfür entworfen. Viele ältere Figuren sind zwar längst vergriffen, aber es erscheinen immer wieder neue in den unterschiedlichsten Größen und Preisklassen. Nähere Informationen hierzu gibt´s unter www.sideshow.com. ☐

Nach dem Ende der 15-monatigen Dreharbeiten zur HDR-Trilogie in Neuseeland (von Oktober 1999 bis Dezember 2000) ließen sich die Hauptdarsteller zur Erinnerung an die gemeinsame Zeit und als Zeichen ihrer Verbundenheit gemeinschaftlich ein Tattoo stechen: die Zahl Neun in elbischen Buchstaben, als Anspielung an die neun Gefährten der Ring-Gemeinschaft. Tu´s ihnen gleich und

LASS EIN BELIEBIGES MOTIV AUS TOLKIENS WERK AUF DEINER HAUT VEREWIGEN!

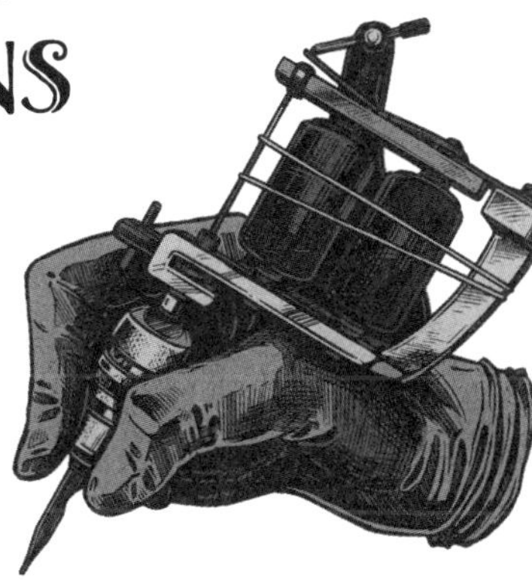

Zur Not auch mit Henna. Oder Edding. Oder aufgeklebt. Hauptsache, du stellst eine Zeitlang deine Tolkien-Liebe zur Schau! ☐

MACH´S WIE BILBO UND GÖNN DIR EINE GUTE TASSE TEE!

ERLEBE EIN FEUERWERK, DAS DEM VON BILBOS EINUNDELFZIGSTEM EBENBÜRTIG IST!

Kleiner Tipp: Falls du gerade keinen Zauberer zur Hand hast, der dir das Feuerwerken abnimmt, schau doch mal beim alljährlichen Japan-Tag in Düsseldorf vorbei! Ein spektakuläreres Feuerwerk als das, das hier Jahr für Jahr geboten wird, hat selbst Mittelerde noch nicht gesehen!

ERLEBE DIE KLÄNGE VON *DER HERR DER RINGE* UND *DER HOBBIT* LIVE IN CONCERT!

Die grandiosen Kompositionen von Howard Shore werden regelmäßig mit großem Orchester, Chor und Solisten überall in Europa aufgeführt. Näheres hierzu findest du auf den üblichen Vorverkaufsseiten wie z. B. Eventim. ☐

WERDE MITGLIED DER DEUTSCHEN TOLKIEN GESELLSCHAFT E. V.

(**www.tolkiengesellschaft.de**),
der Tolkien Society (**www.tolkiensociety.org**)
oder registriere dich bei einer Tolkien-Fanseite
wie z. B. **www.theonering.net**,
um dich mit Gleichgesinnten auszutauschen! ☐

SETZE EIN HERR-DER-RINGE-PUZZLE ZUSAMMEN!

Interessant wird´s ab 1000 Teilen,
alles darunter ist Kinderkram!

☐

SIEH DIR RALPH BAKSHIS LEGENDÄRE (MANCHE SAGEN AUCH: LEGENDÄR VERPFUSCHTE) 1978ER-ZEICHENTRICK/REALFILM-VERSION VOM *HERRN DER RINGE* AN!

Aber behaupte hinterher nicht, du wurdest nicht gewarnt!

☐

Besuche Moseley Bog!

Dieses Wald- und Sumpfgebiet in Moseley ist Teil des Shire County Parks in England und diente Tolkien als Inspiration für den Alten Wald, in dem Tom Bombadil lebt … ☐

… und wenn du schon mal hier bist, mach´s wie viele der Tolkien-Fans, die vor dir hier waren, und

VEREWIGE DICH MIT EINER KLEINEN SCHNITZEREI IN EINEM DER UMGESTÜRZTEN BÄUME, DIE HIER DIE WEGE SÄUMEN! ☐

Hobbits essen für ihr Leben gern. Tatsächlich lag Tolkien das leibliche Wohl seiner Helden sehr am Herzen. Seine Bücher sind voll liebevoller Anspielungen auf Speis und Trank und zeigen seine Begeisterung für üppige Schlemmereien – nicht umsonst beginnen sowohl *Der Hobbit* als auch *Der Herr der Ringe* mit einem opulenten Festmahl. Essen und Trinken in geselliger Runde steht bei Tolkien für Freundschaft, Liebe, Hoffnung und Heimat. Doch obwohl die Hobbits sich am liebsten an Kuchen, Bier und Töften erfreuen, ist die Verpflegung auf dem weiten Weg nach Mordor meist eher karg und besteht schließlich bloß noch aus Lembas, einem extrem nahrhaften Brot, das die Elben aus Lothlòrien backen. Angeblich genügt schon ein Bissen, um einen ausgewachsenen Mann für längere Zeit satt zu machen.

PROBIER´S DOCH SELBST MAL AUS UND BACKE LEMBASBROT!

LEMBASBROT

FÜR 8 PORTIONEN

180 g Mehl

1 TL Backpulver

1/4 TL Salz

100 g Butter

80 g Zucker

1 Päckchen Vanillezucker

1 TL Zimt

100 ml Sahne

Außerdem erforderlich:
4 kleine Bananenblätter, Paketschnur

Den Backofen auf 220 °C Ober-/Unterhitze vorheizen.

In einer großen Schüssel das Mehl, das Backpulver und das Salz vermischen. Die Butter in Stücke schneiden, zum Mehl geben und alles gut vermengen. Dann den Zucker, den Vanillezucker und den Zimt hinzufügen und nochmals sorgsam vermischen. Zum Schluss die Sahne in die Mischung geben und den Teig gut verkneten.

Den Teig auf einer leicht bemehlten Arbeitsfläche fingerdick ausrollen und in vier gleich große Quadrate schneiden. Auf ein mit Backpapier ausgelegtes Backblech legen und mit einem scharfen Messer x-förmig einritzen. Im vorgeheizten Ofen 12–15 Minuten hellbraun backen. Herausnehmen und 30 Minuten auf dem Blech abkühlen lassen.

Je zwei abgekühlte Stücke Lembasbrot gestapelt in jedes Bananenblatt wickeln, als würdest du ein Geschenk einpacken, und das Päckchen mit Paketschnur verschließen, was nicht bloß »authentisch« aussieht, sondern zugleich dafür sorgt, dass das Brot nicht zu schnell austrocknet und damit knochenhart wird.

Und nachdem du dir die Mühe gemacht hast, Lembas zu backen, teile es mit deinen Gefährten … ☐

… und gib das letzte Stück Lembasbrot jemandem, der dir ganz besonders am Herzen liegt! ☐

BESUCHE HOBBINGEN!

Oder zumindest das, was Hobbingen außerhalb von Mittelerde am nächsten kommt: das ehemalige HDR- und *Hobbit*-Filmset in der Nähe der Kleinstadt Matamata, zwei Autostunden von Auckland entfernt! Hier kannst du vierzig Original-Hobbithäuser besichtigen und an geführten Touren teilnehmen. Das Ganze ist zwar nicht ganz billig (eine 2-Stunden-Tour schlägt für Erwachsene aktuell mit ca. 55,- € zu Buche), aber wann kommt man schon mal nach Hobbingen? Nähere Infos dazu gibt's unter **www.hobbitontours.com**. ☐

KEHRE IM GRÜNEN DRACHEN IN MATAMATA EIN!

Hier kannst du u. a. mehrere Sorten eigens gebrautes Hobbit-Bier genießen. Außerdem gibt´s spezielle Touren wie die »Evening Banquet Tour« und die »Second Breakfast Tour«, wo du im Rahmen einer besonderen Führung durch Hobbingen ein zweigängiges Menü serviert bekommst oder an einem üppigen Bankett teilnehmen kannst. Hmmm, köstlich! ☐

Und wenn du schonmal hier bist:

UNTERNIMM ABENDS IM MONDSCHEIN EINEN SPAZIERGANG DURCH DAS VON LATERNEN ERHELLTE HOBBINGEN!

☐

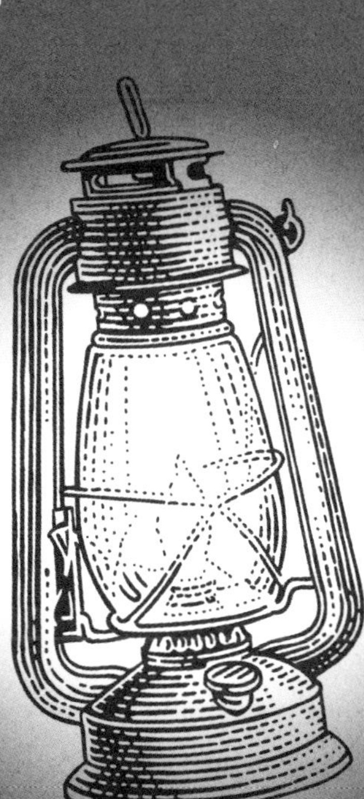

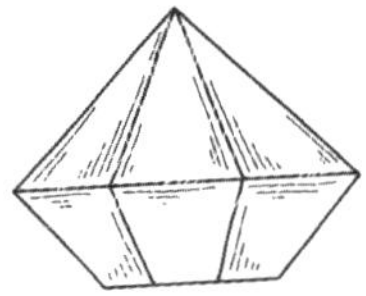

GIB EIN SCHMUCKSTÜCK, DAS DIR VIEL BEDEUTET, AN DIE NÄCHSTE GENERATION WEITER!

☐

BESUCH EIN FEST IN HOBBINGEN!

Am ehemaligen HDR- und *Hobbit*-Filmset in Matamata finden regelmäßig prächtige Festivitäten statt, wie sie bloß Hobbits ausrichten können, u. a. ein Weihnachtsfest, ein Winterfest, der Internationale Hobbittag (kein Scherz!) und das Sommerernte-Festival. Termine und nähere Angaben hierzu findest du unter dem Punkt EXPERIENCES auf der Homepage von **www.hobbitontours.com**.

☐

ERWIRB IM *THE SHIRE STORE* IN MATAMATA EIN ANDENKEN AN DEINE BESUCH!

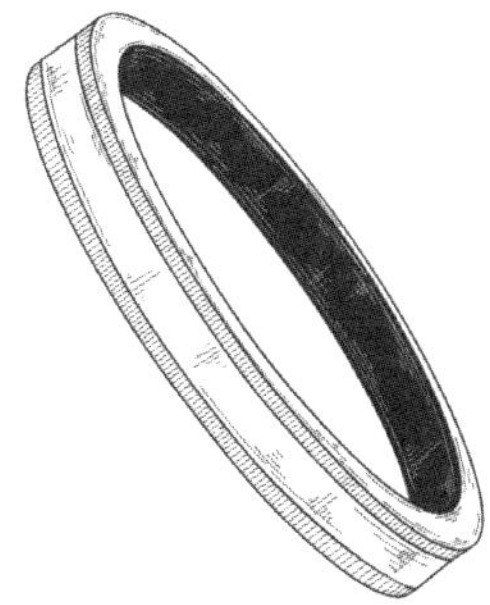

Das tust du vermutlich zwar ohnehin, aber ein zusätzlicher Anreiz kann nicht schaden, oder? ☐

HÖR DIR DIE SOUNDTRACKS DER *HERR DER RINGE*-FILME AN!

- ☐ *Die Gefährten*
- ☐ *Die zwei Türme*
- ☐ *Die Rückkehr des Königs*

LIES *DER WEG NACH MITTELERDE. WIE J. R. R. TOLKIEN »DER HERR DER RINGE« SCHUF* VON TOM SHIPPEY!

In diesem Buch unternimmt der Autor eine Rundreise durch Tolkiens erzählerisches Werk und macht dich so ausführlich mit Tolkiens Mittelerde-Werk und seinen Hintergründen vertraut, dass du anschließend jedes Tolkien-Quiz mühelos für dich entscheidest!

☐

Erstelle einen Stammbaum deiner Familie! ☐

SIEH DIR DIE 1. STAFFEL DER BRANDNEUEN HDR-STREAMING-SERIE *DIE RINGE DER MACHT* BEI AMAZON AN! ☐

STELLE EINEM FREUND/ EINER FREUNDIN EIN **SCHWERES RÄTSEL** UND BELOHNE IHN/SIE, WENN ER/SIE ES ERFOLGREICH LÖST! ☐

KLETTERE AUF EINEN BAUM –

aber erwarte nicht, dass er sich bewegt oder dir weise Ratschläge gibt! ☐

SCHAU DIR DIE ALLERERSTE TOLKIEN-VERFILMUNG ÜBERHAUPT AN:

The Hobbit aus dem Jahre 1977,

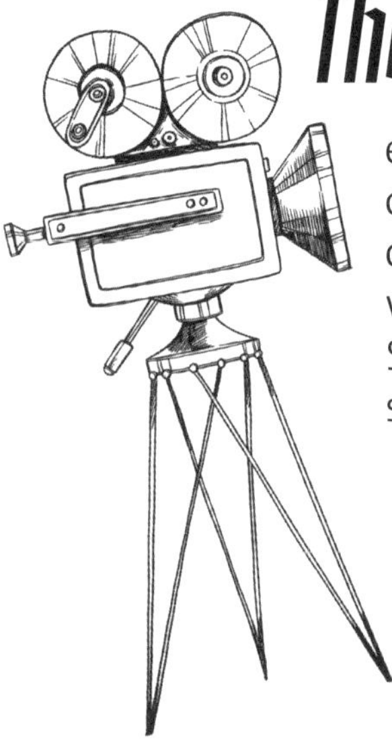

eine TV-Zeichentrickproduktion. Leider wurde der Film nie Deutsch synchronisiert, doch wer des Englischen (oder diverser anderer Sprache wie z. B. Spanisch) mächtig ist, wird an dem Streifen (verfügbar als DVD und Streaming) seine Freude haben! ☐

HÖR DIR DIE SOUNDTRACKS DER *HOBBIT*-FILME AN!

- ☐ Eine unerwartete Reise
- ☐ Smaugs Einöde
- ☐ Die Schlacht der fünf Heere

BESORG DIR EINE DER LEGENDÄREN FROSCHGRÜNEN DEUTSCHEN PAPERBACK-AUSGABEN VOM *HERRN DER RINGE* (KLETT-COTTA),

die in den 1970er und 1980er Jahren die hiesigen Bücherregale verschandelten, bis Anfang der 1990er endlich die erste ansehnliche, gebundene HDR-Edition auf den Markt kam. Das Internet hilft weiter!

☐

Reise nach Neuseeland!

Denn auf dieser Welt gibt es keinen Ort, der mehr an Mittelerde erinnert, als dieser freundliche britische Inselstaat im Südwestpazifik, wo Peter Jackson seine Verfilmungen von ***Der Herr der Ringe*** und ***Der Hobbit*** drehte. Wenn du dann dort bist, gibt´s einiges für dich zu tun, aber zunächst … komm erstmal hin!

☐

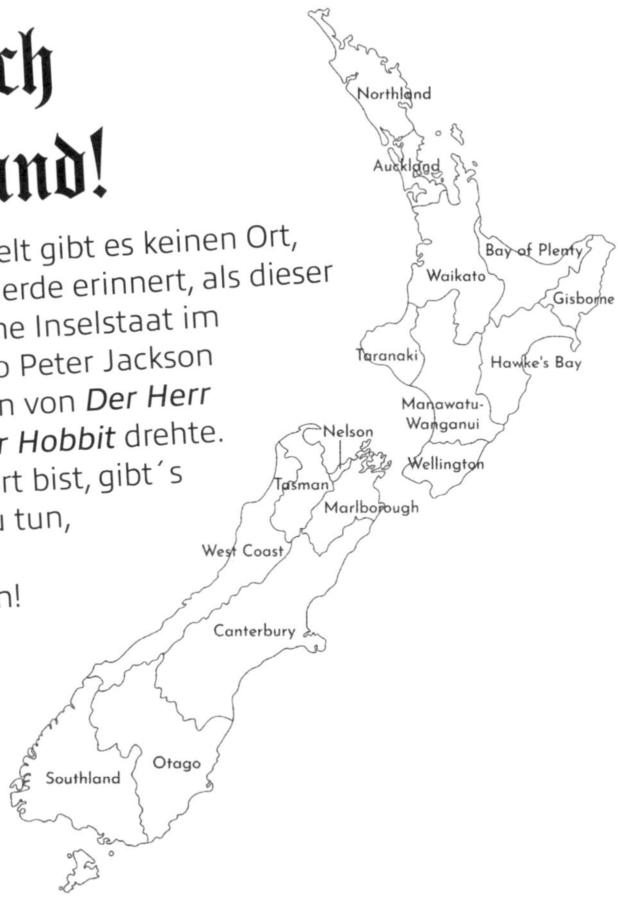

SCHAU DIR *THE RING THING* (2004) AN,

eine herrlich schräge HDR-Parodie, die unsere Lieblingscharaktere aus Mittelerde an den unwahrscheinlichsten aller Orte versetzt: in die Schweiz! Kostprobe gefällig? Der Bankier Fredi ist in die zickige Heidi verknallt und gelangt auf aberwitzige Weise in eine sonderbare Bergwelt, wo man ihn mit dem Hobbit Friedo verwechselt. Vom alten Almgandhi erfährt Fredi, dass der fiese Lord Sauraus den Ring gestohlen hat, mit dem er Heidis Herz gewinnen will, um die Welt mithilfe des Schmuckstücks mit Fondue zu überbacken. Daraufhin brechen Fredi und Almgandhi zusammen mit dem Telehobbie Pupsi, der nymphomanen Elfe Grümpfli, dem Ex-Ring-Besitzer Schleimli und dem Krieger Rackaroll auf, um Sauraus zu besiegen. Und das alles in feinstem Schwitzerdütsch!

☐

STATTE TOLKIENS ELTERNHAUS IN BIRMINGHAM EINEN BESUCH AB!

Die Adresse: 264 Wake Green Road. Hier lebte Tolkien im Alter von vier bis acht Jahren. Das Gebäude ist ein ganz normales Wohnhaus und nicht öffentlich zugänglich, vermittelt aber auch heute noch einen guten Eindruck davon, in welcher Idylle der Autor einen Teil seiner Kindheit verbrachte. ☐

ZÜNDE AM 22. SEPTEMBER ZWEI GEBURTSTAGSKERZEN AN:

eine zu Ehren von Frodo Beutlin,
die andere für Bilbo,
denn beide Hobbits haben
an diesem Tag Geburtstag.

☐

BESUCH DAS THE SHIRE IN KILLARNEY,

den einzigen Pub in Irland, der sich ganz dem *Herrn der Ringe* verschrieben hat! So betritt man das Lokal z. B. durch eine Hobbittür und kann Biere, Cocktails und andere von Mittelerde inspirierte Drinks ordern. Nähere Infos hierzu unter **www.theshirekillarney.com**.

☐

BESUCHE DAS PLOUGH & HARROW IN BIRMINGHAM!

In diesem Gasthaus, das heute zur Best Western-Hotelkette gehört, verbrachten Tolkien und seine Frau Edith u. a. einige Nächte, bevor Tolkien mit der British Expeditionary Force 1916 zur Front nach Frankreich geschickt wurde. Eine Plakette an der Wand des Gebäudes erinnert an Tolkiens Besuche.

☐

BESORG DIR EINE FUSSMATTE, AUF DER STEHT:

ERWIRB EINEN DRUCK VON ALAN LEE ODER JOHN HOWE,

den beiden Künstlern, die den Look von Mittelerde so nachhaltig geprägt haben wie niemand sonst. Kostengünstige Drucke gibt´s überall im Netz. Wer´s ein bisschen exklusiver möchte, sollte einen Blick auf die Webseite **www.artistsuk.co.uk** werfen, auf der werden gerahmte oder ungerahmte Originale angeboten werden, teilweise sogar handsigniert. Eine wahre Zierde für jede Hobbithöhle!

VERBRING EINE NACHT DRAUSSEN IN FREIER NATUR!

☐

Wer sich mit Tolkien beschäftigt, stellt rasch fest, dass er trotz seiner Abneigung gegen das Schreiben recht produktiv war (auch wenn sein Perfektionismus ihn häufig davon abhielt, begonnene Werke auch zu beenden). Die Mittelerde-Bücher sind zwar bloß ein Teil seines Schaffens, überstrahlen aufgrund ihrer Beliebtheit aber allzu oft seine »kleineren«, nicht minder lesenswerten Werke, die – im Gegensatz zur Mittelerde-Saga – inhaltlich nicht zusammenhängen und in jeder beliebigen Reihenfolge gelesen werden können.

LIES FOLGENDE VON J. J. R. TOLKIENS WERKEN:

- [ ] Bauer Giles von Ham
- [ ] Der Schmied von Großholzingen
- [ ] Briefe vom Weihnachtsmann
- [ ] Mr. Bliss
- [ ] Geschichten aus dem gefährlichen Königreich
- [ ] Roverandom
- [ ] Die Legende von Sigurd und Gudrún
- [ ] König Arthurs Untergang
- [ ] Die Geschichte von Kullervo
- [ ] Briefe

LASS DIR EINEN ZWERGENBART WACHSEN!

Das kann allerdings ein paar Jährchen dauern! Achtung: Funktioniert nicht bei allen Personen! Alle anderen dürfen sich auch einen ankleben!

☐

HÖR DIR VON TOLKIENS WERK INSPIRIERTE SONGS AN!

Und damit sind nicht die Lieder auf den Filmsoundtracks gemeint. Denn abgesehen von dem gewaltigen Einfluss, den Tolkien auf unzählige andere Autoren hatte und wohl immer haben wird, beziehen sich vor allem Rock- und Metalbands immer wieder auf sein Werk, u. a. die Jungs von Led Zeppelin, die Tolkien und dem *Herrn der Ringe* in Songs wie *Ramble On* (1969), *The Battle of Evermore* (1971) und *Misty Mountain Hop* (1971) ein musikalisches Denkmal gesetzt haben.

☐

BESUCHE DAS LAUTERBRUNNENTAL IN DER SCHWEIZ!

1911, als 19-Jähriger, unternahm Tolkien ausgedehnte Wanderungen in den Schweizer Alpen und im Lauterbrunnental, das ihm mit seinen steil abfallenden Felswänden, dem Bögli am Säumerweg und dem Hospiz am Grimselpass als Inspiration für Bruchtal diente. Auch der Berg Celebdil – neben dem Caradhras und dem Fanuidhol einer der drei Berge des Nebelgebirges – findet sich hier, in Form des Silberhorns, dessen schneebedeckten Gipfel Tolkien als die »Silberzinne meiner Träume« bezeichnete. Wenn man dieses herrliche Panorama sieht, weiß man, warum! ☐

ERWEISE DEN ELBEN DEINEN RESPEKT UND GEH EINEN TAG LANG MIT ELBENOHREN DURCHS LEBEN! ☐

TANZE AUF DEM TISCH WIE MERRY UND PIPPIN NACH DER SIEGREICHEN SCHLACHT UM DIE HORNBURG UND SING DABEI AUS VOLLER KEHLE:

Oh, Ihr könnt suchen
‚s ganze Jahr!
3 Gläser hier, 3 Gläser da.
Doch nirgends schmeckt das Bier so gut,
wie´s bei uns im Grünen Drachen tut!
Doch nirgends schmeckt das Bier so gut,
wie´s bei uns im Grünen Drachen tut!

Ein Korken auf den Wein
verschließt Euch jeden Tropfen!
Die wahre Zier,
das sag ich hier,
ist der Grüne-Drachen-Hopfen!

☐

Besuch das virtuelle Mittelerde und spiel Der Herr der Ringe online!

Dieses MMORPG erfreut sich seit Jahren großer Beliebtheit und feiert dieser Tage bereits sein 15. Jubiläum – womit das Game in »Spielejahren« ungefähr so alt ist wie Saruman. Schlüpfe in die Haut deines Lieblingsvolks und durchstreife als Mensch, Zwerg, Hobbit oder Elb so legendäre Gefilde wie u. a. Moria, Bruchtal, Düsterwald und Dol Guldor. Der Download ist kostenlos. Weitere Infos unter **www.lotro.com**. ☐

BESORG DIR EINE MÖGLICHST SELTENE AUSGABE EINES TOLKIEN-WERKS!

Eine Erstausgabe von *The Hobbit* (mit einer handschriftlichen Widmung des Autors und einem Vierzeiler auf Elbisch) wurde 2015 in London für die Rekordsumme von 137.000 Pfund Sterling (ca. 160.000 Euro) versteigert. Da sind die 30.000 Euro, die man dieser Tage durchschnittlich für eine englische Erstausgabe vom *Herrn der Ringe* aus dem Jahre 1954/1955 hinlegen muss, geradezu ein Pappstiel! Wer momentan gerade nicht ganz so viele Goldstücke übrig hat, sollte die Augen nach späteren Erst- und Sonderausgaben offenhalten. Auf einigen Online-Plattformen wie z. B. Ebay oder amazon Marketplace kann man bisweilen Exemplare für halbwegs erschwingliche Summen ergattern.

ZIEH DIR EIN ELBENKLEID AN UND WANDLE AN EINER HISTORISCHEN STÄTTE!

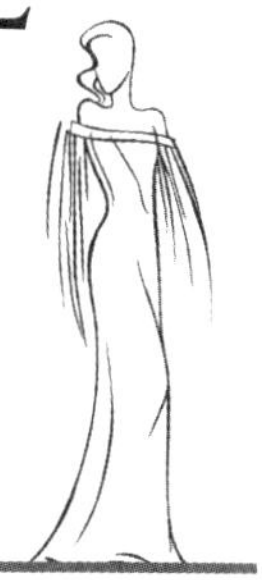

Solltest du ein Mann sein, dürfte dir das vielleicht den einen oder anderen Blick einbringen, aber denkwürdig wird´s allemal!

BESUCHE DIE WETA CAVE IN WELLINGTON, NEUSEELAND!

Hier kannst du etliche Originalrequisiten aus den Tolkien-Filmen und anderen Produktionen bestaunen, an denen Weta Workshop mitgearbeitet hat. Nähere Infos unter **tours.wetaworkshop.com/wetacave**.

MACH EIN SELFIE MIT DEM LEBENS-GROSSEN TROLL, DER VOR DER WETA CAVE STEHT ... ☐

... UND POSTE DAS BILD MIT DEM HASHTAG #HDRBUCKETLIST BEI INSTAGRAM, FACEBOOK ODER TWITTER!

☐

ÜBERNACHTE IN EINEM BAUMHAUS!

Das muss nicht unbedingt in Lothlórien sein. Der Erlebnispark Voglsam in Bayern z. B. tut´s auch!

☐

UNTERNIMM EINE PONY-WANDERUNG!

Falls du kein eigenes Pony hast, so wie Sam seinen treuen Lutz, gibt´s hierzulande zahlreiche Reiter- und Ferienhöfe, die solche Events anbieten.

☐

LERNE, WIE GOLLUM ZU SPRECHEN!

Aber nicht nur »*Mein Schaaatzzz …*«

☐

BESUCHE BRUCHTAL, DIE LEGENDÄRE HEIMAT DER ELBEN!

Oder besser: den Kaotoke Regional Park nördlich von Wellington, Neuseeland, wo die meisten der entsprechenden Szenen für die Filme gedreht wurden. Angesichts all der majestätischen Bäume, der kristallklaren Bäche und der rauschenden Flüsse fällt es nicht schwer, sich vorzustellen, dass hier einstmals tatsächlich Elbenkönige wandelten! ☐

NIMM AN DER »*HAIRY FEET SCENIC FILM LOCATION TOUR WAITOMO*« TEIL

und besuche im Rahmen dieser exklusiven Führung zahlreiche Orte rings um das Mangaotaki Valley und das Städtchen Poopio, an denen die *Hobbit*-Filme entstanden. Nähere Infos unter www.hairyfeetwaitomo.co.nz. ☐

FAHR IN BESTER GEFÄHRTEN-MANIER MIT EINEM KANU ODER RUDERBOOT EINEN FLUSS/BACH/KANAL ENTLANG!

☐

Hobbits essen nicht bloß gern –
sie *trinken* auch nach Herzenslust! Am liebsten Bier.

GÖNN DIR EIN BIER ZU EHREN DEINER MITTELERDE-HELDEN!

Falls du keinen Alkohol trinkst oder noch zu jung dazu bist, tut´s auch Malzbier! ☐

BRAU DEIN EIGENES BIER!

Das ist zwar einigermaßen aufwendig, aber dafür mundet das Resultat mindestens so gut wie im *Grünen Drachen*!

Miruvor

ergibt ca. 3 l Würzmet

750 ml Apfelsaft (naturtrüb)

2 ½ g Reinzuchthefe

2 ½ l Wasser

1 ½ kg Honig

2 ½ Tabletten Hefenährsalz (ca. 0,8 g)

25 g Johanniskraut

15 g Mädesüß

10 g Eisenkraut

1–2 ml Kieselsol (aus der Apotheke)

Außerdem erforderlich: Gärballon (ca. 5 l Fassungsvermögen) mit Gäraufsatz und Gummistopfen, Küchenthermometer, Flaschen (zum Abfüllen)

Den Gärballon und alle weiteren Utensilien so gut wie möglich sterilisieren, entweder durch 10-minütiges Auskochen in heißem Wasser oder durch gründliches Durchspülen mit lebensmittelechtem Desinfektionsmittel. Sorgsames Nachspülen mit klarem Wasser nicht vergessen!

Die Hefekultur ansetzen. Hierzu 250 ml Apfelsaft in ein steriles Gefäß geben, vorsichtig die Hefe einrühren, abdecken und ca. 90 Minuten an einem warmen Ort gehen lassen.

In der Zwischenzeit in einem großen Topf das Wasser abkochen. Dabei darauf achten, dass das Wasser anschließend wieder auf unter 25 °C abkühlt, da die Hefe höhere Temperaturen nicht überlebt! Das Wasser dann zusammen mit dem Honig, dem restlichen Apfelsaft und dem Hefenährsalz in ein ausreichend großes Gefäß geben und gründlich verrühren. Die Hefekultur unterheben und mit einem Trichter in den sterilen Gärballon füllen. Das Johanniskraut, das Mädesüß und das Eisenkraut mit hineingeben. Den Gärballon mit dem Gummistopfen fest verschließen und an einem warmen Ort vier Wochen gären lassen; den Ballon in dieser Zeit mindestens einmal am Tag schwenken, damit sich die Hefe nicht absetzt.

Anschließend nochmals vier Wochen gären lassen, jedoch nicht mehr schwenken. Dass die Gärung beendet ist, erkennt man daran, dass im Gärröhrchen keine Bläschen mehr aufsteigen. ERST JETZT (keinesfalls vorher!) den Gärballon öffnen und das Kieselsol hinzufügen, das dafür sorgt, dass die Hefe ausschlackt und zu Boden sinkt. Nochmals eine Woche gären lassen, dann durch ein feines Sieb in sterilisierte Flaschen füllen. Luftdicht verschlossen ca. 3 Monate haltbar.

Beschaff dir einen Ring,

gleichgültig, ob aus Platin, Silber, Gold – oder aus dem Kaugummiautomaten! Falls du nicht möchtest, dass dieses besondere Schmuckstück zu sehr an einen Ehering erinnert, kannst du ihn statt am Finger auch an einer Kette um den Hals tragen, so wie Frodo.

Die ultimative Steigerung:

UM DEN *EINZIG WAHREN* EINEN RING ZU BESITZEN, BESUCH DIE WEBSEITE DES JUWELIERS JENS HANSEN – UND KAUF IHN DIR!

Hansen, ein Goldschmied aus Neuseeland, wurde seinerzeit von Regisseur Peter Jackson beauftragt, sämtliche Ringe für die HDR-Filme anzufertigen, neben dem Einen Ring u. a. auch Aragorns Brahir, Gandalfs Narya und Elronds Vilya. All diese Ringe und noch viele mehr kannst du auf der Webseite **www.jenshansen.com** zu überraschend angemessenen Preisen in den verschiedensten Ausführungen erwerben.

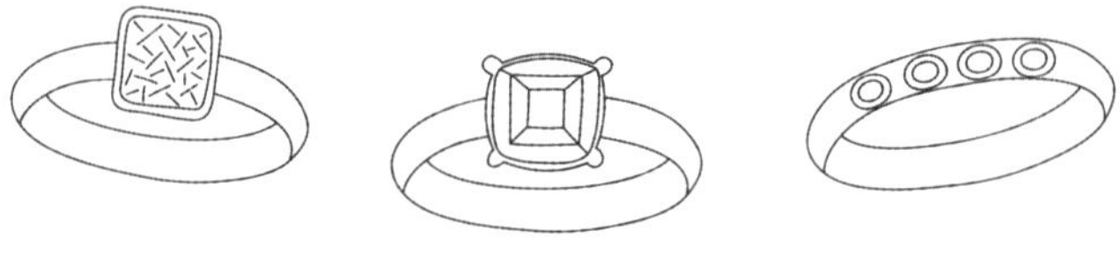

LEG DIR EIN NOTIZBUCH ZU,

das es mit dem von Bilbo aufnehmen kann!

☐

Die Steigerung:

BESORG DIR NICHT BLOSS IRGENDEIN SCHMUCKES BÜCHLEIN FÜR DEINE NOTIZEN, SONDERN **DAS** MITTELERDE-NOTIZBUCH SCHLECHTHIN – DAS LEGENDÄRE »**ROTE BUCH DER WESTMARK**«!

Im Original eine mehrbändige Handschrift mit Berichten über den Ringkrieg und das Erste und Zweite Zeitalter. Du findest im Internet z. B. bei Etsy großartige, handgemachte Exemplare dieses Buchs, das du mit deinen eigenen Gedanken, Erlebnissen und Abenteuern füllen kannst! ☐

BESORG DIR DEINEN LIEBLINGS-MITTELERDE-CHARAKTER ALS LEGO-FIGUR!

Am besten mal bei Ebay schauen. ☐

BAUE DEN TURM VON ORTHANC NACH – AUS LEGO-STEINEN!

Das muss nicht zwingend in Originalgröße sein. Und zur Not gibt´s sogar ein entsprechendes Lego-Set. Das ist offiziell zwar schon seit einer Ewigkeit vergriffen, aber bei Ebay oder auf anderen Online-Marktplätzen kann man hin und wieder solide Schnäppchen machen.

☐

Besiege deine Freunde bei einer Partie *Herr der Ringe-Trivial Pursuit!*

und beweise allen, dass niemand mehr über Gimli, Aragorn, Frodo & Co. weiß, als du! ☐

Tolkien hat nicht bloß geschrieben, sondern auch mit großer Leidenschaft gemalt und gezeichnet. Während einige seiner Zeichnungen eigens für die Mittelerde-Bücher angefertigt wurden, entstanden andere eher zufällig.

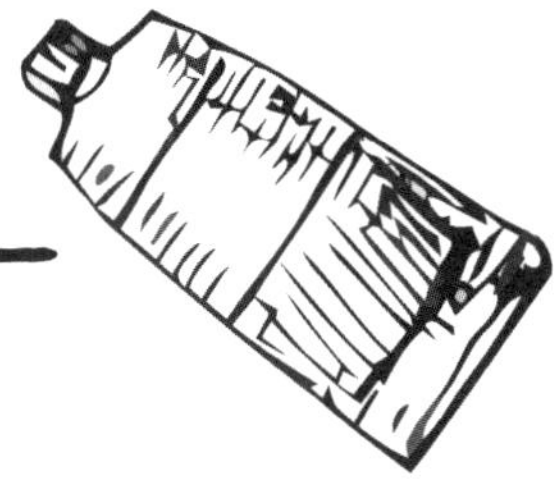

BESORG DIR DAS BUCH

J. R. R. TOLKIEN – DER KÜNSTLER,

DIE BISLANG UMFASSENDSTE SAMMLUNG VON TOLKIENS ZEICHENWERK!

☐

BESUCH DIE NEBELBERGE – MIT EINEM HUBSCHRAUBER!

Unter anderem von Queenstown aus kann man Flüge nach Wanaka buchen, jene Region, in der die Nebelberg-Szenen der HDR- und *Hobbit*-Filme gedreht wurden. Der Helikopterflug folgt dabei dem »Weg der Adler« und landet u. a. auf dem Fog Peak-Gletscher, um das umliegende Gebirgspanorama bewundern zu können. Wer will, kann das Ganze mit einer Wanderung verbinden. Weitere Informationen hierzu gibt's z. B. unter www.ecowanaka.co.nz/misty-mountain.

☐

Der Hobbit ist letztlich nichts anderes als die Memoiren von Bilbo Beutlin.

EIFERE BILBO NACH UND BRINGE ETWAS SPANNENDES/LUSTIGES/DENKWÜRDIGES ZU PAPIER, DAS DU SELBST ERLEBT HAST!

(Oder gern erleben *würdest*, falls dir ums Verrecken nichts widerfährt, das es wert wäre, für die Nachwelt festgehalten zu werden.)

☐

Du hast den letzten Punkt dieser Bucket List abgehakt? Sehr gut!

DANN GESTALTE DEIN SELBSTVERFASSTES WERK SO, WIE´S DIR GEFÄLLT – DRUCK ES AUS UND LASS ES DIR ZU EINEM BÜCHLEIN BINDEN!

Das kannst du mittlerweile für schmales Geld in nahezu jedem Copyshop machen lassen. ☐

Und wenn du schon mal dabei bist:

LASS GLEICH MEHRERE EXEMPLARE DEINER »MEMORIEN« ANFERTIGEN UND BEGLÜCKE DAMIT DEINE FREUNDE/ FAMILIE/GEFÄHRTEN! ☐

BESUCH COTSWOLDS IM SÜDWESTEN ENGLANDS,

eine Region voller historischer Städte und pittoresker Bilderbuchdörfer, die Tolkien zu vielen seiner literarischen Kreationen inspiriert haben. ☐

STATTE DER ST. EDWARDS CHURCH IN STOW-ON-THE-WOLD EINEN BESUCH AB!

Der von zwei knorrigen Bäumen gesäumte Eingang dieser mittelalterlichen Kirche diente Tolkien als Inspiration für das Tor von Durin, der Pforte nach Moria und in die Zwergenstadt Khazad-dûm. Im *Herrn der Ringe* öffnet sich dieses Portal nur, wenn man das entsprechende Rätsel löst. In St. Edwards dagegen ist jeder willkommen! ☐

BESORG DIR **DIE KUNST DES HOBBIT. ALLE BILDER VON J. R. R. TOLKIEN,**

eine Sammlung aller Zeichnungen, die Tolkien für den *Hobbit* angefertigt hat. Sämtliche Zeichenwerke wurden von den Autoren Wayne G. Hammond & Christina Scull ausführlich kommentiert und in den entsprechenden Kontext gesetzt. ☐

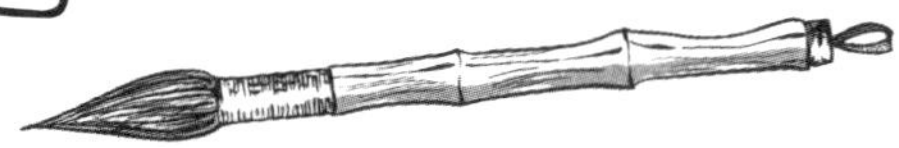

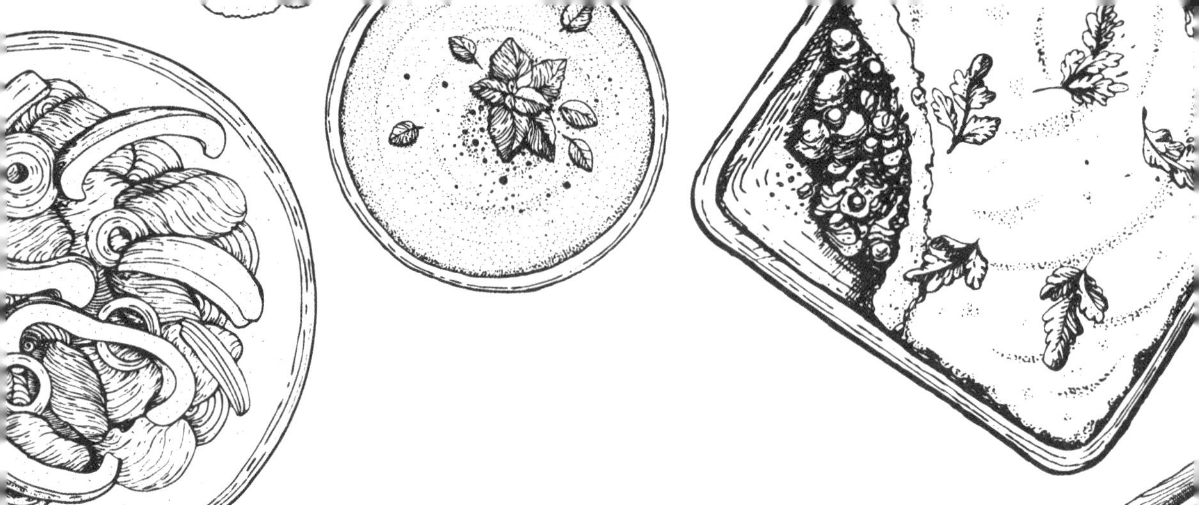

LADE FAMILIE, FREUNDE UND BEKANNTE ZU EINEM PRÄCHTIGEN FESTMAHL EIN – UND MACH DICH DANN MITTENDRIN KOMMENTARLOS AUS DEM STAUB!

(Falls du Wert darauf legst, dass diese Leute hinterher noch mit dir reden – anders als Bilbo bei den Sackheim-Beutlins –, wäre es allerdings ratsam, nach einer Weile wieder aufzutauchen und dich zu erklären.)

☐

SEI FRODOS SAM UND STEH EINEM FREUND/EINER FREUNDIN IN EINER NOTLAGE SELBSTLOS ZUR SEITE!

(Natürlich kannst du ihn/sie alternativ auch gern einen Vulkan hochschleppen.)

☐

LEGE EINE RICHTIGE RÜSTUNG/EIN KETTENHEMD AN!

Unglaublich, dass Aragorn, Gimli & Co. in diesen Dingern kämpfen konnten, oder?

☐

STEIG AUF EINEN VULKAN UND WIRF EINEN RING HINEIN!

Es muss kein *richtiger* Vulkan sein. Zur Not tun´s auch eine Schlucht, eine Klippe oder wenigstens ein richtig tiefer Gully.

☐

BACKE EINE PRACHTVOLLE TORTE UND TEILE SIE MIT DEINEN FREUNDEN!

Es muss auch nicht unbedingt zu deinem Einundelfzigsten sein. Ein Rezept dafür findest du auf der nächsten Seite, aber du kannst natürlich auch gern ein eigenes verwenden. Hauptsache, es kommt etwas angemessen Spektakuläres dabei raus. Nicht, dass sich die Sackheim-Beutlins anschließend das Maul zerreißen … ☐

BILBOS GEBURTSTAGSTORTE

1 TORTE (10–12 PORTIONEN)

FÜR DEN GROSSEN TORTENBODEN (ca. 26 cm Ø):

6 Eier

250 g Zucker

1 Prise Salz

170 g Mehl

1 TL Backpulver

50 g gemahlene Mandeln

FÜR DEN KLEINEN TORTENBODEN (ca. 18 cm Ø):

4 Eier

180 g Zucker

1 Päckchen Vanillinzucker

150 g Mehl

1 TL Backpulver

FÜR DIE BUTTERCREME:

200 g Weichweizengrieß

100 g Zucker

2 Päckchen Vanillezucker

1 l Milch

250 g Butter, bei Zimmertemperatur

FÜR DIE GANACHE:

200 g Sahne

600 g weiße Schokolade, grob gehackt

FÜR DIE DEKORATION:

50 g frische Himbeeren, als Garnitur

50 g frische Brombeeren, als Garnitur

50 g frische Heidelbeeren, als Garnitur

2 weiße Fondantdecken (à ca. 450 g), fertig gekauft, bei Zimmertemperatur

50 g frische Physalis

Außerdem erforderlich:

zwei Springformen (ca. 26 cm Ø und ca. 18 cm Ø), zwei Tortenringe (ca. 26 cm Ø und ca. 18 cm Ø), viele kleine Kerzen, essbare Blumen (z. B. Rosen, Schleierkraut, Veilchen)

DEN GROSSEN TORTENBODEN ZUBEREITEN:

Den Backofen auf 180 °C Ober-/Unterhitze vorheizen. Den Boden der großen Springform mit Backpapier auslegen.

In einer Schüssel die Eier mit dem Zucker und dem Salz mit den Schneebesen eines Rührgeräts auf höchster Stufe mindestens 4 Minuten schaumig schlagen.

In einer separaten Schüssel das Mehl mit dem Backpulver und den Mandeln vermischen, zu den Eiern geben und kurz unterheben. In die vorbereitete Form füllen, die Oberseite glattstreichen und im unteren Drittel des Ofens ca. 45 Minuten backen. Den Tortenboden anschließend sofort aus der Form lösen, vorsichtig auf ein mit Backpapier ausgelegtes Kuchenrost stürzen und auskühlen lassen.

DEN KLEINEN TORTENBODEN ZUBEREITEN:

Den Boden der kleineren Springform mit Backpapier auslegen.

In einer Schüssel die Eier mit dem Zucker, dem Vanillinzucker und dem Salz mit dem Schneebesen eines Rührgeräts auf höchster Stufe mindestens 3 Minuten schaumig schlagen.

In einer separaten Schüssel das Mehl mit dem Backpulver vermischen, zu den Eiern geben und kurz unterheben. In die vorbereitete Form füllen, die Oberseite glattstreichen und im unteren Drittel des Ofens ca. 30 Minuten backen. Den Tortenboden dann sofort aus der Form lösen, vorsichtig auf ein mit Backpapier ausgelegtes Kuchenrost stürzen und auskühlen lassen.

DIE BUTTERCREME ZUBEREITEN:

Den Weichweizengrieß, den Zucker und den Vanillezucker mit der Milch in einen Topf geben und unter stetem Rühren bei mittlerer Hitze aufkochen. So lange köcheln lassen, bis ein dickflüssiger Brei entsteht. Vom Herd nehmen und auskühlen lassen.

Die Butter mit einem Rührgerät cremig schlagen und mit dem abgekühlten »Grießbrei« zu einer geschmeidigen Creme vermischen. Bis zur Verwendung im Kühlschrank kaltstellen.

DIE GANACHE ZUBEREITEN:

Die Sahne in einem kleinen Topf kurz aufkochen und sofort vom Herd nehmen. Die gehackte Schokolade hineingeben und mit einem Schneebesen so lange rühren, bis sie sich vollständig aufgelöst hat.

ALLES ZUSAMMENFÜGEN:

Die ausgekühlten Tortenböden jeweils waagerecht halbieren. Die unteren Tortenböden jeweils mit der Schnittfläche nach oben auf Tortenplatten legen und jeweils einen entsprechend großen Tortenring darüberstülpen. Die Buttercreme auf den beiden Tortenböden verteilen, glattstreichen und jeweils den oberen Boden aufsetzen. Für mindestens eine Stunde in den Kühlschrank stellen, damit die Buttercreme fest wird.

In der Zwischenzeit die Beeren für die Dekoration waschen und mit Küchenpapier trocken tupfen. Die Blumen so schneiden, dass von den Stielen nur ca. 3 cm übrigbleiben. Ein paar Rosenblätter beiseitelegen.

Die beiden Torten aus dem Kühlschrank nehmen und vorsichtig mit einem Messer am Rand der Tortenringe entlangfahren, um sie behutsam daraus zu lösen. Jeweils vollständig – und möglichst gleichmäßig – mit der Ganache bestreichen. Jeweils eine der Fondantdecken über jede Torte legen, ringsum vorsichtig andrücken, glattstreichen und alles, was übersteht, mit einem Messer abschneiden.

Die kleinere Torte mittig auf die größere setzen. Die Blumenstiele ringsum in die Lücke zwischen den beiden Torten stecken (was nicht bloß hübsch aussieht, sondern auch hilft, etwaige Unebenheiten zu verbergen) und den Rand der unteren Torte mit Beeren, Physalis und Rosenblättern verzieren.

Die Kerzen oben auf der Torte verteilen, unmittelbar vor dem Servieren anzünden und lauter bewundernde Blicke ernten!

ENTFACHE EIN LAGERFEUER UND BEREITE ÜBER DEN FLAMMEN IN EINER PFANNE IN BESTER SAM-MANIER EINEN ZÜNFTIGEN HOBBITSCHMAUS ZU! ☐

BESORG DIR DEN HISTORISCHEN ATLAS VON MITTELERDE!

Tolkien hegte eine große Leidenschaft für Landkarten. Dennoch sind nicht all seine Werke hinreichend mit Karten dokumentiert. Dieser Band füllt diese »Lücken« mit zweifarbigen, ausführlich kommentierten Karten für die verschiedenen Zeitalter und Länder von Mittelerde. Und natürlich sind auch die Reiserouten der Gefährten aus HDR und dem *Hobbit* eingezeichnet! ☐

HÖR DIR DAS UNGEKÜRZTE DEUTSCHE HÖRBUCH VON *DER HERR DER RINGE* AN (CA. 57 STUNDEN)!

- ☐ *Die Gefährten* (22 Stunden, 53 Minuten)
- ☐ *Die zwei Türme* (18 Stunden, 47 Minuten)
- ☐ *Die Rückkehr des Königs* (15 Stunden, 29 Minuten)

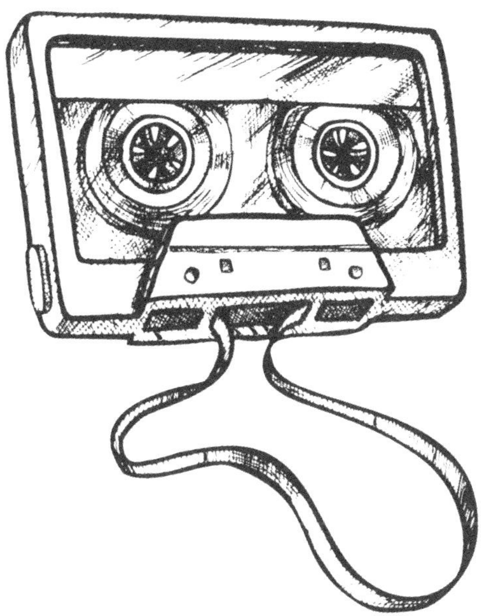

HÖR DIR DAS UNGEKÜRZTE DEUTSCHE HÖRBUCH VON *DER HOBBIT* AN (CA. 11 STUNDEN)!

☐

Jetzt gibt's was auf die Ohren:

HÖR DIR *ALLE ANDEREN* HÖRBÜCHER AN, DIE HIERZULANDE ZU TOLKIENS WERKEN VERFÜGBAR SIND!

- ☐ Beren und Lúthien
- ☐ Nachrichten aus Mittelerde
- ☐ Das Silmarillion
- ☐ Die Abenteuer des Tom Bombadil und andere Geschichten aus dem Roten Buch
- ☐ Roverandom
- ☐ Die Briefe vom Weihnachtsmann
- ☐ Herr Glück
- ☐ Bauer Giles von Ham
- ☐ Der Elbenstern: Der Schmied von Großholzingen
- ☐ Elbenwald: Blatt von Tüftler

BESORG DIR *DAS NEUE GROSSE TOLKIEN-LEXIKON* VON FRIEDHELM SCHNEIDEWIND,

das auf über 800 Seiten alles enthält, was es zu Tolkiens Werk und zu Mittelerde zu wissen gibt. Wie sagte mein Vater stets so treffend? »Du musst nicht alles wissen – du musst nur wissen, wo´s steht!« Bei allem, was Tolkien betrifft, ist das fraglos dieses Buch, das in keiner ernsthaften Tolkien-Sammlung fehlen darf!

☐

SIEH DIR DEN TOLKIEN-FANFILM *HORN OF GONDOR* AUF YOUTUBE AN!

Dieser 20-minütige, überraschend aufwendig gemachte Kurzfilm vom Künstlerkollektiv Rosenthal entstand – teilweise finanziert mittels Crowdfunding – in der Tschechischen Republik und erzählt die Vorgeschichte vom *Herrn der Ringe*.

☐

BESUCHE DIE ZWEI TÜRME!

Nicht die in Mittelerde, sondern die in Edgbaston in der Nähe von Birmingham, die Tolkien als Inspiration für Minas Morgul und Minas Tirith dienten: den 30 m hohen Perrott´s Folly, der ursprünglich als Jagdsitz diente, bevor daraus eine der ersten Wetterstationen Großbritanniens wurde, und den Schlot des Edgbaston-Wasserwerks ein Stückchen weiter die Straße runter.

GÖNN DIR EIN ZWEITES FRÜHSTÜCK!

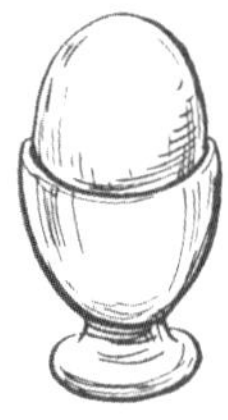

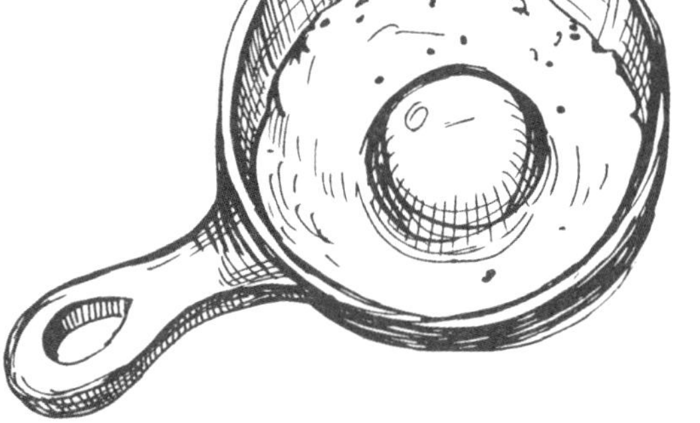

NIMM AN EINEM HERR DER RINGE-ESCAPE ROOM TEIL!

Hierzulande werden von Tolkien inspirierte Live Escape Rooms u. a. in Frankfurt und Aachen angeboten. Ziel dieser Escape Rooms ist es, zusammen mit einer Gruppe anderer Spieler innerhalb eines bestimmten Zeitlimits aus einem Raum bzw. einer Hobbithöhle zu entkommen. Nähere Informationen zu Anbietern, Tickets und Veranstaltungsorten findest du u. a. unter www.indizio.de/the-legacy-of-the-ring und www.secretescapegame.com/der-ring-der-macht. ☐

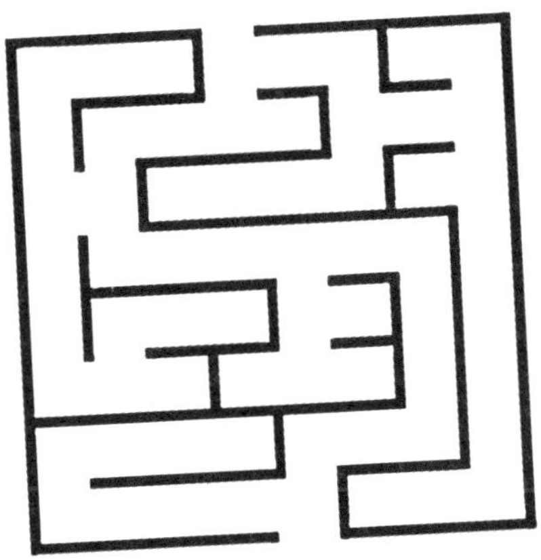

SPIELE MIT DEINEN GEFÄHRTEN DIE HDR-EDITION DES BRETTSPIELKLASSIKERS DAS VERRÜCKTE LABYRINTH! ☐

SIEH DIR EINEN TOLKIEN-FILM IM KINO AN!

Falls du das in der Vergangenheit bereits getan hast, dann herzlichen Glückwunsch! Ein leicht abgehakter Punkt auf deiner Bucket List! Falls nicht, kommt deine nächste Chance voraussichtlich im April 2024, wenn mit *Der Herr der Ringe: The War of the Rohirrim* der nächste HDR-Film in die Lichtspielhäuser kommt, ein Anime, das zweihundert Jahre vor *Der Hobbit* angesiedelt ist. Ansonsten laufen in irgendeinem Programmkino in deiner Nähe mit Sicherheit hin und wieder auch die »alten« Mittelerde-Streifen!

Lies Tolkien-Fanfiction!

Das Internet ist voll davon. Einfach mal googeln! ☐

VERANSTALTE EINE TOLKIEN-MOTTOPARTY UND SERVIERE DABEI SNACKS UND GETRÄNKE AUS MITTELERDE! ☐

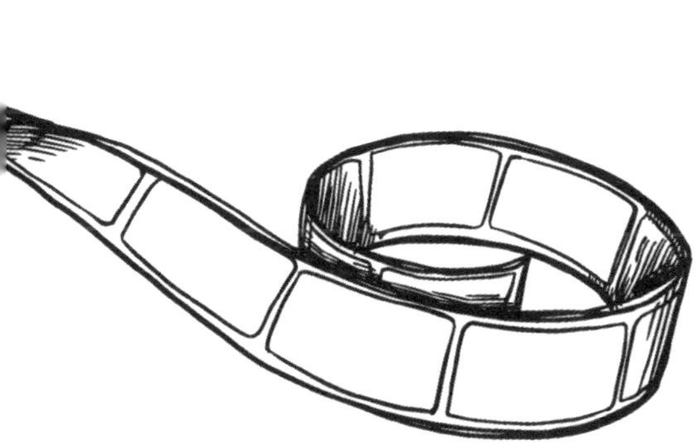

UNTERNIMM MIT DEINEN GEFÄHRTEN EINE WANDERUNG DURCH WALD UND WIESEN!

Und vergesst nicht, genügend Proviant einzupacken! Nicht, dass ihr am Ende bloß an Lembasbrot knabbert … ☐

STATTE ISENGARD EINEN BESUCH AB!

Oder zumindest dem majestätischen Dart Valley ein Stückchen nördlich von Glenorchy, am nördlichen Ende des Laka Wakatipu, das dafür als Kulisse diente. In dieser atemberaubenden Region fanden außerdem auch viele der Filmaufnahmen für Ithilien und den Wald von Lothlórien statt. ☐

Trink Wasser aus einer natürlichen Quelle/ einem klaren Bach,

wie die Gefährten auf ihrer Reise durch Mittelerde! Kleiner Tipp: Falls du irgendwo in den Bergen unterwegs bist, achte darauf, dass sich oberhalb deiner Position keine Behausungen mehr befinden … ☐

Und wenn du schon mal in dieser Gegend bist:

BESUCHE BEORNS HAUS!

Das befindet sich zwar auf einem Privatgrundstück (Beorns mag bekanntlich keine Besucher!), doch im Rahmen einer geführten Tour ist dies dennoch möglich. Weitere Infos unter **www.silverscreen.tours/de/touren/herr-der-ringe-tour-zum-tal-der-zauberer/**.

☐

LERNE ORKISCH! ☐

Oder jedenfalls ein paar wichtige orkische Sätze, die dir im Alltag in vielen Situationen weiterhelfen, zum Beispiel:

»Ashdautas Vrasubatlat!« –
»Eines Tages töte ich dich!«

»Amal shufar, at rrug!« –
»Wo eine Peitsche ist, ist auch ein Weg!«

»Snaga nar baj lufut!« –
»Sklaven führen keinen Krieg!«

»Mirdautas vras!« –
»Ein guter Tag zum Töten!«

Keine richtige Tolkien-Buchsammlung wäre vollständig ohne *The History of Middle-Earth*. Diese zwölfbändige Editionsreihe, die von Tolkiens Sohn Christopher herausgegeben wurde, beleuchtet in einmaliger Ausführlichkeit die Entwicklung von Tolkiens Welt, von den frühesten Entwürfen bis nach der Niederschrift des *Herrn der Ringe*. Teilweise sind sogar frühe Versionen von Erzählungen aus dem *Buch der verschollenen Geschichten* und verworfene Kapitel aus dem *Herrn der Ringe* enthalten. Bedauerlicherweise wurde diese großartige, fast 5.500 Seiten umfassende Edition nie ins Deutsche übertragen. Andererseits ist hier ja keine Rede davon, dass du sie *lesen* musst.

ES GENÜGT SCHON, WENN DU DIR *THE HISTORY OF MIDDLE-EARTH* BESORGST!

☐

UNTERNIMM MIT DEINEN GEFÄHRTEN EINE SCHATZSUCHE!

☐

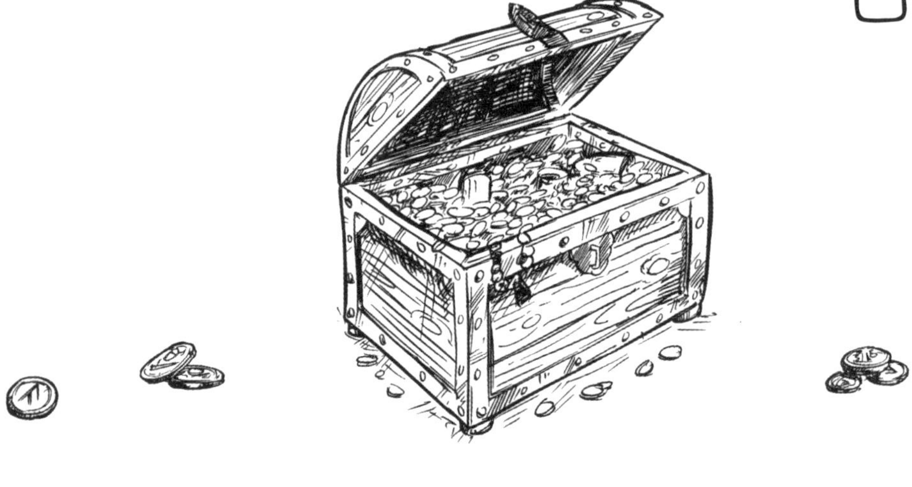

HOL DIR SAURON NACH HAUSE!

Unter den HDR-Figuren von Sideshow ist die auf 1.500 Exemplare limitierte, fast einen Meter hohe, 18 kg schwere Premium Format-Statue des Dunklen Herrschers das absolute Nonplusultra! Zwar ist dieses Prachtstück schon lange offiziell vergriffen, aber hin und wieder wird ein Exemplar auf Internetplattformen wie Ebay angeboten. Also halte die Augen offen – und das nötige Gold bereit! ☐

UNTERNIMM EINEN SPAZIERGANG DURCH DEN BOTANISCHEN GARTEN IN OXFORD!

Tolkien verbrachte hier viel Zeit, vorzugsweise lesend an seinen Lieblingsbaum gelehnt, eine mächtige, in sich verdrehte Schwarzkiefer, die ihm angeblich auch als Inspiration für die Ents im *Herrn der Ringe* diente.

☐

MACH FERIEN IN EINEM HOBBITHAUS!

Die Möglichkeit hierzu bieten dir z. B. der Tierpark Pairi Daiza in Belgien, das Feriendorf Auenland in Thüringen und der Oastbrook Estate Vineyard in Sussex. Eine Liste entsprechender Hobbit-Quartiere findest du im Internet unter **www.traumquartiere.de/uebernachten-im-hobbit-haus-urlaub-in-mittelerde/**.

☐

MARSCHIERE NACH MORDOR!

Boromir meint zwar: »Man kann nicht einfach so nach Mordor spazieren!« Doch da irrt er: Man *kann* einfach so nach Mordor spazieren – jedenfalls, nachdem man zuvor einen Flieger nach Neuseeland genommen hat. Denn hier, in der trockenen, felsigen Landschaft des Tongariro National Parks, wurden die Mordor-Szenen für Peter Jacksons HDR-Trilogie gedreht. Dieser Park (übrigens offiziell der viertälteste Nationalpark der Welt) birgt gleich drei aktive Vulkane und ist Teil des UNESCO Weltkultur- und Naturerbes. Vor Orks oder Saurons Auge musst du hier keine Angst haben. Allerdings wird empfohlen, bei einem Besuch hier im Gegensatz zu Frodo und Sam auf festes Schuhwerk zurückzugreifen! ☐

BESCHREITE DIE PFADE DER TOTEN!

Oder besser: die spektakulären Putangirua Pinnacles in Neuseeland, eine Schlucht mit hoch aufragenden, spitzen Felsnadeln am südlichsten Punkt der Nordinsel. ☐

GENIESSE ZU VORGERÜCKTER STUNDE IN BESTER HOBBIT-MANIER EIN ZÜNFTIGES NACHTMAHL! ☐

UNTERNIMM EINEN SPAZIERGANG IM NEBEL!

Aber nicht auf die Hügelgräber treten, das könnte die Toten erzürnen! ☐

Man weiß nie, wann man mal dringend Hilfe braucht.

DARUM LERNE, EIN HORN ZU BLASEN!

KEHRE IN DEN PUB *THE BELL INN* IN MORETON-IN-MARSH EIN!

Diese Schenke in Cotswolds im Südwesten Englands diente Tolkien als Vorbild für das *Tänzelnde Pony* in Bree. Eine metallene Plakette am Eingang des Lokals weist eigens auf diesen Umstand hin.

FEIER EINE AUSGELASSENE PARTY MIT DREIZEHN ZWERGEN!

Sollten gerade keine Zwerge zur Hand sein,
tun´s auch deine besten Freunde/Verwandten/Bekannten! ☐

PFLANZE ZU EHREN VON GÄRTNER SAM EINEN SAMEN/SPRÖSSLING! ☐

SETZ DICH MIT EINIGEN DEINER GEFÄHRTEN ABENDS VOR EINEN LODERNDEN KAMIN UND ERZÄHLT EUCH REIHUM GESCHICHTEN!

☐

Was sich Éowyn für eine spektakuläre Aussicht bot, als sie vor der Goldenen Halle von Edoras stand und über das weite, flache Tal blickte, das sich vor ihr scheinbar bis in die Unendlichkeit erstreckte. Von der Hauptstadt Rohans ist in Neuseeland zwar nichts mehr zu sehen, aber das Panorama aus dem Film kannst du trotzdem genießen, und zwar von Mount Sunday aus, der einzigen größeren Erhebung im Tal des Ashburton Districts, einer unberührten Gletscherlandschaft etwa 250 km westlich von Christchurch, wo Regisseur Peter Jackson seinerzeit für die Dreharbeiten die Goldene Halle errichten ließ. Der Aufstieg zum Gipfel dauert nicht lange und ist recht einfach. Also keine Müdigkeit vorschützen:

GENIESSE DIESELBE AUSSICHT WIE ÉOWYN IN DIE ZWEI TÜRME! ☐

NIMM AN EINER TOUR DURCH DEN WETA WORKSHOP TEIL,

der sich für die Effekte der HDR- und *Hobbit*-Filme verantwortlich zeichnet! Diese Tour dauert ca. 90 Minuten und lässt dich einen unvergleichlichen Blick hinter die Kulissen der neuseeländischen Filmindustrie werfen. Weitere Informationen hierzu findest du unter **https://tours.wetaworkshop.com**. (Und falls dir bei dieser Gelegenheit zufällig der Spezialeffekt-Gott Richard Taylor über den Weg läuft, bring mir ein Autogramm mit!) ☐

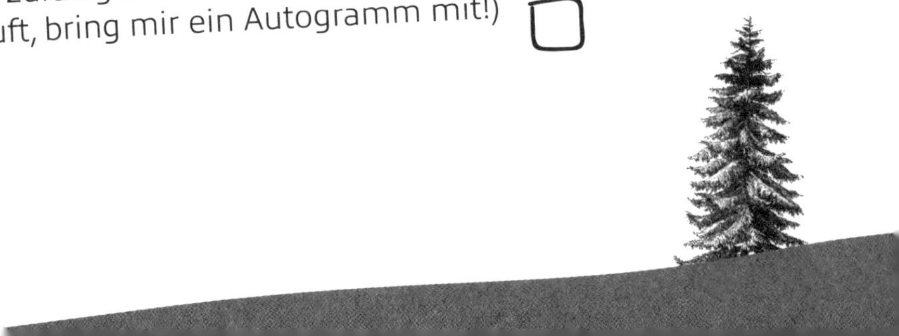

FLUCHE AUF KHUZDUL WIE GIMLI!

Besonders beliebt: **»Ishkhaqwi ai durugnul!«**
Was so viel bedeutet wie: **»Ich spucke auf dein Grab!«** ☐

Marschiere durch die Minen von Moria!

Oder besuch zumindest eine Höhle. ☐

GEH IN DEN WALD UND HALTE ZWIESPRACHE MIT DEN BÄUMEN!

(Erwarte aber nicht, dass sie antworten. Falls doch, such baldmöglichst einen auf Geisteskrankheiten spezialisierten Heiler auf …)

☐

VERKLEIDE DICH ALS DEIN TOLKIEN-LIEBLINGSCHARAKTER –

aber nicht an Karneval, sondern im Alltag! Sonst wär´s ja langweilig. ☐

BESUCHE EINEN TOLKIEN-STAMMTISCH ODER EINE TOLKIEN-CONVENTION!

Eine der bekanntesten Conventions ist die Oxonmoot, die von der britischen Tolkien Society traditionell einmal im Jahr am Oxford College veranstaltet wird und zwar jeweils an einem Wochenende rund um den 22. September – den Geburtstag von Frodo und Bilbo. ☐

BESUCH DEN BREDON HILL IN WORCESTERSHIRE,

der Tolkien als Inspiration für die Trollhöhen diente! Während Bilbo und die Zwerge in diesem Waldgebiet westlich von Bruchtal auf die Trolle Hucki, Toni und Berti treffen, die sie zum Abendessen »einladen« wollen, erwartet dich hier eine pittoreske Hügellandschaft, in der die größte Gefahr für Leib und Leben von freilaufenden Schafen ausgeht. ☐

LERNE BOGEN-SCHIESSEN WIE DIE ELBEN!

Oder gewinne an der Bogenschieß-Bude auf dem Rummel mit deinen Schießkünsten zumindest einen Trostpreis!

ÜBERNACHTE IM **RED LION INN** *IN CHIPPING CAMPDEN!*

In diesem heimeligen Gasthaus pflegten J. R. R. Tolkien und sein Sohn Christopher regelmäßig zu übernachten, wenn sie in Cotswolds unterwegs waren. Hier ein Zimmer zu bekommen ist allerdings gar nicht so einfach – denn es gibt bloß fünf! Also rechtzeitig buchen! ☐

Als Professor für englische Sprache und Literatur beschäftigte sich Tolkien intensiv mit mittelalterlichen Texten, die auch zentrales Thema vieler seiner wissenschaftlichen Publikationen sind. Was sich im ersten Moment ein wenig, na ja, *trocken* anhören mag, erweist sich für Tolkien-Begeisterte jedoch rasch als faszinierende Lektüre, die einem den Autor und seine Liebe zu Sprachen auf bemerkenswerte Weise näherbringt.

LIES FOLGENDE WISSENSCHAFTLICHEN WERKE VON TOLKIEN:

- ☐ Gute Drachen sind rar
- ☐ Die Ungeheuer und ihre Kritiker

SPIEL MIT DEINEN GEFÄHRTEN/ »FEINDEN« EINE PARTIE *RISIKO* IN DER *HERR DER RINGE*-EDITION

und beweise dein strategisches Geschick auf dem Schlachtfeld! ☐

NIMM AN EINER HDR-TOUR IN WELLINGTON TEIL!

Diese Touren dauern in der Regel zwischen 3 ½ und 7 Stunden und führen zu einigen der bekanntesten Drehorte der Filme, u. a. zum Mount Victoria, einem Waldgebiet am Stadtrand, in dem u. a. die allerersten Dreharbeiten für die Trilogie stattfanden (die Szene in *Die Gefährten*, in der sich Frodo und seine Freunde vor den Ringgeistern verstecken). Bei einigen Touren ist auch der Besuch der WETA Cave enthalten. So kannst du gleich zwei Fliegen mit einer Klappe schlagen (bzw. zwei Kästchen dieser Bucket List mit einem Ausflug abhaken). ☐

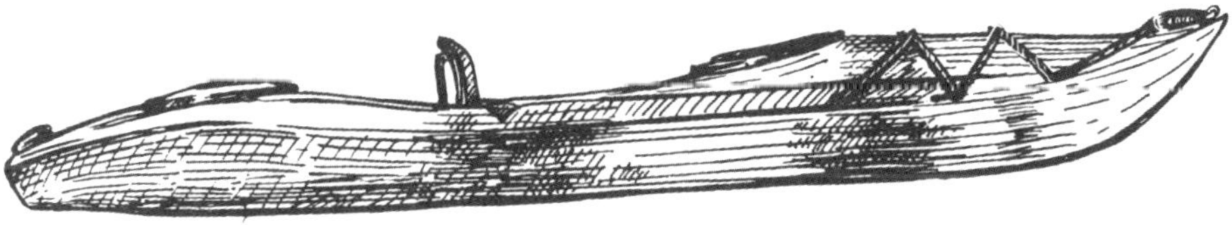

Okay, Kanufahren ist ja gut und schön. Aber warum sich mit dem Nord-Ostsee-Kanal zufriedengeben, wenn´s auch der Pelorus River in Marlborough Sounds sein kann, wo zahlreiche Szenen für die HDR- und *Hobbit*-Filme gedreht wurden, z. B. die spektakuläre Wildwasserfassflucht der Zwerge?

FAHRE MIT EINEM KANU DEN PELORUS RIVER ENTLANG!

In der Gegend von Nelson werden solche Touren z. B. von **www.silverscreen.tours** angeboten. ☐

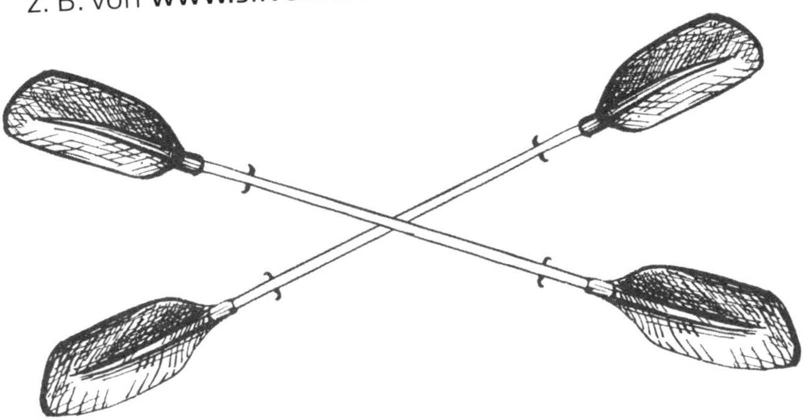

SPRICH EINEN TAG LANG WIE EIN ENT!

Suche dir dafür aber am besten einen aus,
an dem du es nicht übermäßig eilig hast …

Lies eine Hobbit Parodie,

z. B. *Der Wobbit* von Paul Erickson oder
Der Hobbnix von A. R. R. R. Roberts!

Wie wär´s statt Badstraße, Opernplatz und Schlossstraße
mit Cirith Ungol, Bruchtal und Minas Tirith?

SPIEL MIT DEINEN FREUNDEN EINE PARTIE MONOPOLY IN DER *HERR DER RINGE*-EDITION!

STATTE DEM HAUS EINEN BESUCH AB, IN DEM TOLKIEN DEN *HOBBIT* UND DEN *HERRN DER RINGE* SCHRIEB!

Die Adresse: 20 Northmoor Road, Oxford OX2 6UR, England. Allerdings kann man aktuell bloß von draußen einen Blick auf das Gebäude erhaschen, das abgesehen von einer blauen Plakette, die auf die literarische und kulturelle Bedeutung hinweist, ziemlich unspektakulär daherkommt. Vor ein paar Jahren versuchten Tolkien-Fans mit dem »Project Northmoor«, das Haus zu erwerben, um daraus ein Museum zu machen, schafften es jedoch trotz prominenter Unterstützung u. a. von Sir Ian McKellen und Martin Freeman nicht, die hierfür erforderlichen 4 Millionen Pfund Sterling zusammenzubekommen. ☐

SAG SIRI ODER ALEXA ODER WIE IMMER DEINE SPRACHSTEUERUNG HEISST, SIE SOLL DICH KÜNFTIG »GANDALF« NENNEN.

Oder Frodo. Oder Schlangenzunge.
Du verstehst schon, worum´s hierbei geht. ☐

BASTLE DIR DEIN EIGENES TOLKIEN-LESEZEICHEN!

Ausführliche Anleitungen dazu findest du im Internet. ☐

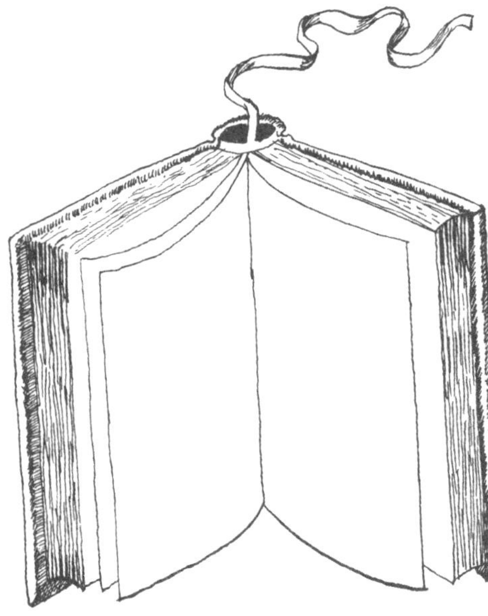

LEG DIR EINE FUNKO POP-WACKELKOPFFIGUR DEINES TOLKIEN-LIEBLINGSCHARAKTERS ZU!

(Der Hexenkönig von Angmar auf der geflügelten Bestie ist einfach der Hammer!) ☐

BESORG DIR **DIE KUNST DES HERR DER RINGE** VON J. R. R. TOLKIEN,

eine Sammlung von Skizzen und Illustrationen, die Tolkien angefertigt hat, um die Story, die Charaktere und die Orte und Landschaften seines Magnum Opus für sich selbst besser visualisieren zu können. Sämtliche Zeichnungen wurden von den Autoren Wayne G. Hammond & Christina Scull ausführlich kommentiert und in den entsprechenden Kontext gesetzt. ☐

BESORG DIR DIE EXTENDED EDITION-BOX MIT ALLEN DREI *HOBBIT*-FILMEN AUF DVD ODER BLU-RAY UND SCHAU DIR DIE GESAMTEN 9 STUNDEN BONUSMATERIAL AN!

☐

BESUCH DIE BODLEIAN LIBRARY DER DIVINITY SCHOOL IN OXFORD,

wo einige unveröffentlichte Manuskripte aus Tolkiens Nachlass verwahrt und für die Öffentlichkeit ausgestellt werden. Außerdem kann man sich hier Originalzeichnungen ansehen, die Tolkien selbst zum *Herrn der Ringe* angefertigt hat. ☐

LIES J. R. R. TOLKIEN: EINE BIOGRAPHIE VON HUMPHREY CARPENTER,

um mehr über Tolkien und sein Leben zu erfahren. Dies ist die einzige autorisierte Tolkien-Biografie. Ein Muss für Fans!

☐

LIES DIE *WIRKLICHE MITTELERDE. TOLKIENS MYTHOLOGIE UND IHRE WURZELN IM MITTELALTER* VON ARNULF KRAUSE,

um mehr über die Sagen und Mythen zu erfahren, die Tolkien bei seinem Schaffen beeinflusst haben! ☐

STATTE DER GEGEND VON CHEDDAR GORGE EINEN BESUCH AB,

wo Tolkien 1916 die Flitterwochen mit seiner Frau Edith verbrachte. Die imposanten Schluchten und Höhlen von Cheddar Gorge dienten Tolkien als Inspiration für Helms Klamm. Nähere Infos unter **www.cheddargorge.co.uk**. ☐

ERWEISE TOLKIEN DIE LETZTE EHRE UND BESUCH SEIN GRAB AUF DEM WOLVERCOTE CEMETERY IN OXFORD,

wo er zusammen mit seiner Frau Edith begraben liegt. Auf dem Grabstein sind auf Tolkiens Wunsch hin auch die Mittelerde-Namen von Edith und ihm vermerkt: Er nannte sie Luthien, sie ihn Beren.

☐

VERWANDLE DEIN ZUHAUSE IN EINE HOBBITHÖHLE!

Deko-Ideen hierzu findest du u. a. auf Pinterest. ☐

BESUCHE THE EAGLE AND CHILD IN OXFORD,

einen Pub, in dem sich Tolkien zwischen den 1930er und 1960er Jahren jeden Dienstag mit den »Inklings« traf, einer Gruppe gleichgesinnter Dozenten und Schriftsteller, zu der u. a. auch C. S. Lewis gehörte, der Autor der *Chroniken von Narnia*. Aktuell ist das Lokal zwar wegen Umbauarbeiten geschlossen, aber sobald es wieder öffnet, solltest du hier unbedingt vorbeischauen! ☐

Tolkien verbrachte den Großteil seines Lebens in Oxford, wo er nicht bloß siebzehn Jahre lang in dem berühmten Haus in der Northmoor Road 20 lebte, wo er den *Herrn der Ringe* und den *Hobbit* schrieb, sondern noch an mehreren anderen Adressen, denen du als echter Tolkien-Fan ebenfalls einen Besuch abstatten solltest. Besichtigen kann man diese Häuser allerdings nicht!

BESUCHE DIE HÄUSER, IN DENEN TOLKIEN IN OXFORD SONST NOCH LEBTE:

- ☐ St. John Street 50 (1918/1919)
- ☐ Northmoor Road 22 (1926–1930)
- ☐ Manor Road 3 (1947–1950)
- ☐ Holywell Street 99 (1950–1953)
- ☐ Sanfield Road 76 (1953–1968)
- ☐ Merton Street 21 (1971–1973)

ZEIGE DEINE »GESINNUNG« UND LEGE DIR EINE TOLKIEN-HANDYHÜLLE MIT EINEM MOTIV DEINER WAHL ZU! ☐

BESUCHE IM GEWAND DEINER HDR-LIEBLINGSFIGUR EINEN MITTELALTERMARKT! ☐

REITE AUF EINEM SCHWEIN,

wie Dain Eisenfuß in ***Die Schlacht der fünf Heere!*** Da das »große Volk« von Natur aus recht robust ist, sollte es allerdings kein echtes Schwein sein, sondern ein Schaukelautomat in Schweineform. (Du weißt schon, diese Dinger, auf denen Kinder zwei Minuten durchgeschüttelt werden.) Das wird garantiert ein denkwürdiger Ritt – zumindest für jene, die das Glück haben, Zeugen dieses Spektakels zu werden! ☐

ÜBERLEG DIR EINEN MITTELERDE-NAMEN FÜR DICH SELBST!

Tolkien z. B. nannte sich Beren, seine Frau Edith war Luthien. Wie würdest du heißen? ☐

BESORG DIR DIE EXTENDED EDITION-BOX MIT ALLEN DREI HDR-FILMEN AUF DVD ODER BLU-RAY UND SCHAU DIR DIE GESAMTEN 26 STUNDEN BONUSMATERIAL AN! ☐

☐ VERFASSE EINE EIGENE GESCHICHTE, DIE IN MITTELERDE SPIELT …

… UND VERÖFFENTLICHE SIE AUF EINER FANFICTION-WEBSEITE IM INTERNET! ☐

Als Baumbart den Hobbits Ent-Trank anbietet und sie davon kosten, merken sie, wie sich ihre Haare aufrichten, locken und wachsen – allerdings nicht bloß ihre Haare, denn am nächsten Tag stellen Merry und Pippin fest, dass sie ein gutes Stück in die Höhe geschossen sind.

PROBIER DU AUCH EINEN ORDENTLICHEN SCHLUCK ENT-TRANK! ☐

Und keine Sorge: Die Wirkung ist (leider) nicht von Dauer!

ENT-TRANK

4 PORTIONEN (ca. 1 l)

2 große Kiwis
1 Salatgurke
2 grüne Äpfel
1 Bio-Limette
50 g Feldsalat
2 EL Honig
2 Stiele frische Minze
250 ml kaltes Wasser

Die beiden Kiwis, die Gurke und die Äpfel schälen und in grobe Stücke schneiden.

Die Limette heiß abwaschen, mit Küchenpapier trocken tupfen und mit einer Reibe die Schale fein abreiben. Die Limette halbieren, auspressen und den Saft auffangen.

Die Kiwi, die Gurke, die Limettenschale, den Feldsalat, den Honig, die Minze und 3 EL Limettensaft zusammen mit 250 ml kaltem Wasser in einen leistungsstarken Küchenmixer geben und fein pürieren.

Bis zur Verwendung im Kühlschrank kaltstellen. Möglichst leicht gekühlt genießen.

BESUCHE DIE WASSERMHÜHLE VON SAREHOL MILL,

der der Ort seinen Namen verdankt. Tolkien lag die Mühle so am Herzen, dass er in den 1960er Jahren eine erkleckliche Summe für die Restaurierung des alten Bauwerks spendete. ☐

STATTE SAREHOL MILL EINEN BESUCH AB!

Obwohl Tolkien in Südafrika geboren wurde, zog er mit seiner Familie nach Birmingham, als er vier Jahre alt war. Damals war die Stadt zwar stark von Industrie geprägt, doch der junge Tolkien lebte abseits der Fabriken und Lagerhäuser inmitten von wogenden Feldern, Wäldern und idyllischen Häuschen in Sarehol Mill, das dem Autor als Inspiration für das Auenland diente. Wer sich hier nicht unwillkürlich an Beutelsend erinnert fühlt, hat das Gemüt eines Uruk-hai!

SCHICKE JEMANDEM, DEN DU LÄNGER NICHT GESEHEN HAST, EINEN RICHTIGEN BRIEF –

mit Tinte auf Papier geschrieben und mittels Postboten zugestellt!

BESUCHE DAS MERTON COLLEGE IN OXFORD,

eine der ältesten Universitäten in Großbritannien, an der Tolkien vierzehn Jahre lehrte. Während dieser Zeit verbrachte er hier viel Zeit in der Bibliothek.

RAUCHE IN DER PFEIFE EINE PRISE ALTER TOBI UND PUSTE KUNSTVOLLE RAUCHKRINGEL IN DIE LUFT!

Falls du Nichtraucher/in bist, tut´s alternativ auch eine Shisha mit nikotinfreiem Tabak. ☐

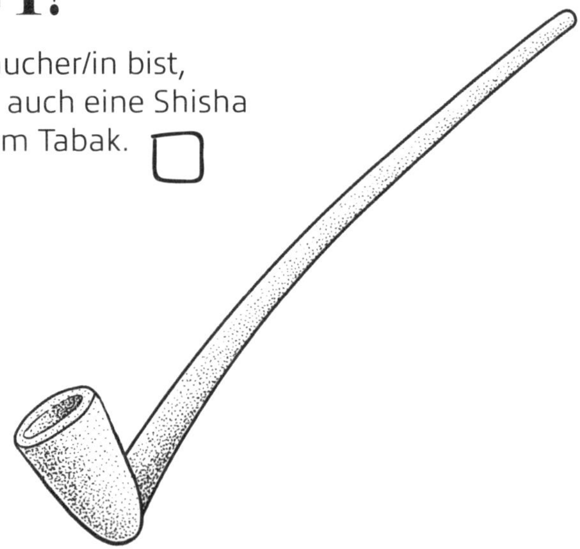

ZEICHNE EINE KARTE VON MITTELERDE!

Ob mit Kreide, Tusche, Tinte, Filzstift oder Wachsmaler auf Papier, Leinwand, Pergament oder Klopapier, ist dabei nicht von Belang. Hierbei kommt´s allein auf den guten Willen an! ☐

BESUCHE DAS EXETER COLLEGE IN OXFORD,

direkt neben dem Merton College! Hier hat Tolkien von 1911 bis zum Beginn des 1. Weltkriegs studiert, anfangs lateinische und griechische Sprache und Literatur, später auch vergleichende Sprachwissenschaft. Obwohl das Wohnheim, in dem sich sein Zimmer befand, schon lange nicht mehr existiert, ist das College noch heute Treffpunkt eines ausgesprochen engagierten Zweigs der britischen Tolkien Society, die sich hier jeden Donnerstagabend um 19.00 Uhr im Pippa Langston Room im Cornwall House trifft. Gäste sind herzlich willkommen! ☐

STIBITZE PILZE VON BAUER MAGGOTS FELD!

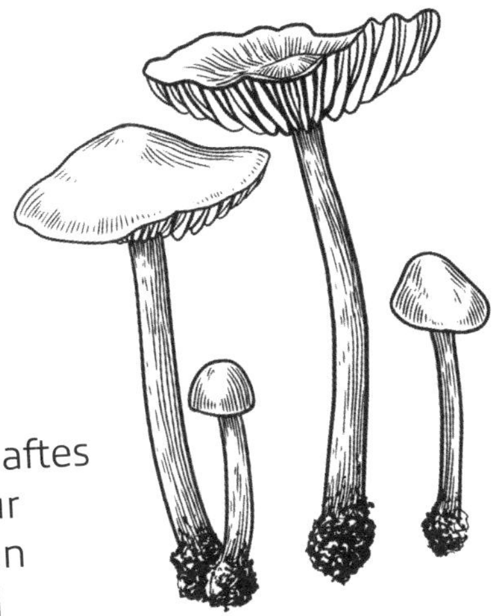

Sollte Bauer Maggot zwischenzeitlich umgezogen sein, schau, was *andere* Bauern in deiner Umgebung so Nahrhaftes anbauen, und stibitze das! Aber nur für den Hausgebrauch und auch nur, wenn keiner guckt! Nicht, dass noch jemand die Hunde auf dich hetzt! ☐

SCHREIBE MIT FEDER UND TINTE EIN VON TOLKIENS WERK INSPIRIERTES GEDICHT, GANZ ALTMODISCH AUF EIN STÜCK PERGAMENT! ☐

LIES *EIN ENDE MIT ANFANG – DIE UNERWARTETE REISE ZWEIER BRÜDER* VON ROYD TOLKIEN!

In diesem bewegenden autobiografischen Werk schildert Royd, der Urenkel von J. R. R. Tolkien, wie sein Bruder Mike mit nur 39 Jahren an den Folgen der Nervenkrankheit ALS stirbt – und ihm eine Bucket List mit 50 Aufgaben hinterlässt, die Royd Punkt für Punkt abarbeiten soll, um seine »Komfortzone zu verlassen« und endlich anzufangen, das Leben zu genießen. Eine wichtige Lektion, die wir alle uns zu Herzen nehmen sollten! ☐

BESUCHE DAS GREISINGER MUSEUM IN JENINS IN DER SCHWEIZ,

das 2013 seine Türen für alle Fans und Freunde von Mittelerde geöffnet hat! Das Museum präsentiert die private Mittelerde-Sammlung des ehemaligen Fondsmanagers Bernd Greisinger, eine der größten und bedeutendsten ihrer Art, die vor allem Kunst und Literatur, aber auch Sammelstücke jedweder Art rings um Tolkien und sein Werk umfasst. Nähere Informationen hierzu findest du unter www.greisinger.museum. ☐

SCHREIB JEMANDEM ETWAS AUF SINDARIN!

Die entsprechenden Wörterbücher gibt´s im Internet. ☐

BESUCHE DEN SCHICKSALSBERG!

Oder, genauer gesagt, den Mount Ngauruhoe in Neuseeland, wo die Dreharbeiten für die entsprechenden Szenen der HDR-Filme stattfanden. Allerdings nicht alle: Da der Gipfel des Berges den eingeborenen Maori heilig ist, wurden einige Aufnahmen auf einem anderen Berg gefilmt, dem Mount Ruapehu, womit es technisch gesehen ***zwei*** Schicksalsberge gibt. Aber wie das mit Schicksalsbergen so ist: Kennste einen, kennste alle! Darum begnügen wir uns hier mit einem. ☐

BASTLE DIR EIN TÜRSCHILD MIT DER AUFSCHRIFT:

SCHAU DIR *AUF DEN SPUREN DER HOBBITS* AN,

eine fünfteilige Dokumentation, die den bekannten Tolkien-Zeichner John Howe auf der Suche nach den Orten und Geschichten begleitet, die Tolkien zu seinem Werk inspiriert haben.

LERNE EINEN ELBISCHEN GRUSS,

z. B. »**Elen síla lúmenn' omentielvo!**«
(»Ein Stern scheint auf die Stunde unserer Begegnung!«)
oder »**Anar caluva tielyanna!**«
(»Möge die Sonne deinen Weg bescheinen!«)

BESORG DIR ALLE MÖGLICHEN COOLEN MITTELERDE-MEMES UND -GIFS!

Davon kann man schließlich nie genug haben! ☐

SCHMIEDE EINEN RING!

Sich den Einen Ring kaufen kann schließlich jeder. Es gibt zahlreiche Goldschmiede und Juweliere, die entsprechende Workshops anbieten. Schau einfach mal im Internet, z. B. unter **www.jochen-schweizer.de**. ☐

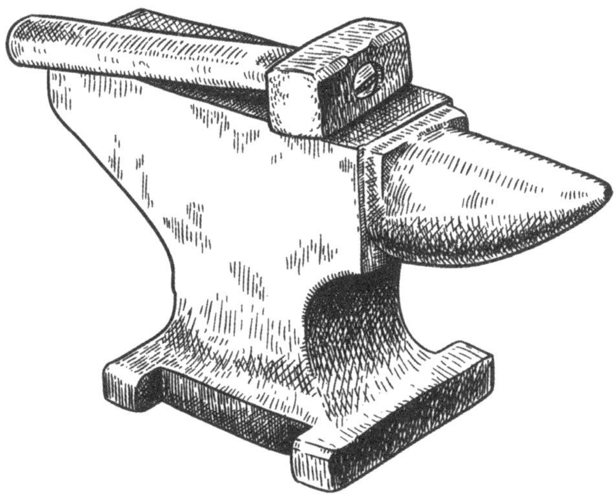

LERNE EINEN ZAUBERTRICK! ☐

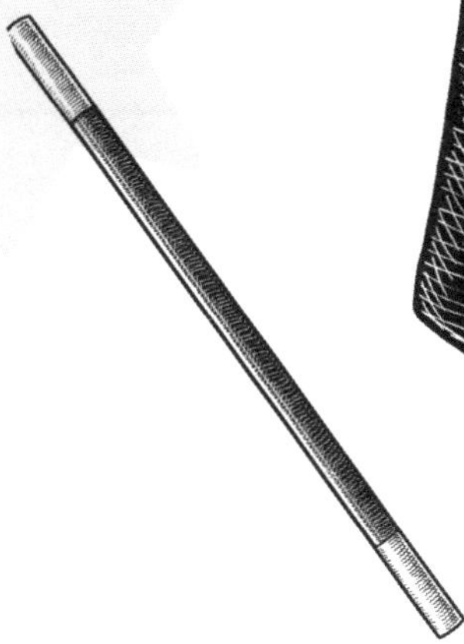

SCHAU DIR DIE SPIELFILM-BIOGRAFIE *TOLKIEN* (2019) AN,

in der Nicholas Hoult in die Haut des Autors schlüpft. Der Film erzählt große Teile von Tolkiens Leben nach und ist voller visueller Anspielungen auf Tolkiens Werk. Vielleicht nicht unbedingt ein cineaistischer Meilenstein, aber für jeden wahren Tolkien-Fan ein Muss! ☐

FORDERE DEINE FREUNDE ZU EINEM ZAUBERDUELL HERAUS, SO WIE GANDALF UND SARUMAN!

Wie genau das aussieht, kannst du dir selbst überlegen. ☐

SIEH DIR *CHRANITELI* AN,

eine zweiteilige sowjetische Low-Budget-Verfilmung von *Die Gefährten,* die 1991 ein einziges Mal vom Leningrader Fernsehsender 5TV ausgestrahlt wurde und bis vor kurzem als verschollen galt. Manche behaupten, es wäre besser dabei geblieben. Dennoch erfreut sich diese, sagen wir, recht *eigenwillige* Produktion bei YouTube großer Beliebtheit. Gesehen haben sollte man *Chraniteli* in jedem Fall. Einfach schon, um mitreden zu können. ☐

SPIELE EINS DER VIELEN VERFÜGBAREN HDR-SAMMELKARTENSPIELE! ☐

BESUCHE DIE UNIVERSITY OF BIRMINGHAM!

Im 1. Weltkrieg beherbergte die Universität u. a. ein Lazarett für verwundete Soldaten. Dort wurde der junge Tolkien nach seiner Rückkehr von der Front in Frankreich 1916 sechs Wochen lang wegen »Grabenfieber« behandelt, einer Art Grippe-Erkrankung, die jedoch zu einer Vergrößerung der Milz oder einer schweren Herzinnenhautentzündung führen kann. Der Chamberlain Tower, der hell erleuchtete Glockenturm auf dem Universitätsgelände, diente Tolkien zudem als Inspiration für Barad-dûr mit Saurons Auge. ☐

VERKLEIDE DICH AN HALLOWEEN ALS NAZGûL UND ERSCHRECKE DEINE NACHBARN BEI »SÜSSES ODER SAURES!« ZU TODE! ☐

SCHAU DIR DIE DOKUMENTATION *HOWARD SHORE – CREATING THE LORD OF THE RINGS SYMPHONY* AN!

Die entsprechende DVD ist zwar längst vergriffen, aber bei Ebay wirst du mit Sicherheit fündig. ☐

ÜBERNACHTE IN EINER HÖHLE!

In Hradec Králové östlich von Prag kann man z. B. in einer zum Hotel umgebauten Salzgrotte unterkommen. Deutlich rustikaler wird´s in Rumänien, wo man mit bis zu zehn Personen in Katakomben übernachten kann. Schlafsäcke, Isomatten, Klopapier und alles, was man sonst noch so braucht, sind mitzubringen, denn auf Annehmlichkeiten wie Badezimmer oder Kochmöglichkeiten muss man hier verzichten. Diese und noch weitere Höhlen-Unterkünfte sind u. a. über die Webseite Airbnb buchbar. ☐

ERWIRB EIN MITTELERDE-SET VON GAMES WORKSHOP UND MAL ES AN! ☐

Und zu guter Letzt, nicht ganz uneigennützig:

ERWIRB DAS GRANDIOSE, ABSOLUT EMPFEHLENSWERTE UND FÜR JEDEN FAN VÖLLIG UNVERZICHTBARE INOFFIZIELLE MITTELERDE-KOCHBUCH VON TOM GRIMM (ISBN 978-3-8310-4533-4), ☐

um eine unvergleichliche kulinarische Reise durch Tolkiens Welt anzutreten!